JN438704

2024 제1회

수필과비평올해의작품상 12

수상작품집

2024 제1회

수필과비평올해의작품상 12

수상작품집

수필과비평사

| 차례 |

수상작

김정태

바람소리

나비물

그해 여름의 칸나

작가노트

겹눈으로 세상 보기

김정태

2016년 『수필과비평』으로 수필, 2019년 『딩아돌하』로 시 등단. 수필과비평작가회의 회원. 딩아돌하문예원 운영위원. 청주문인협회 편집위원.

수필집: 『밥과 똥을 생각하며』

바람소리

바람은 제 힘만으로 앞서가는 바람을 밀고 간다. 그러면서 바람은 제 소리는 내지 않는다. 흔히 바람소리라고 하는 것은 바람이 어딘가로 밀려가며, 그곳에 있는 물체에 닿아 섞이고 포개지며 감기는 과정에서 나는 소리이다.

담양의 대숲을 지나는 바람은 댓잎을 비비고 흔들어 소리를 만든다. 이것은 댓잎만의 소리도 바람만의 소리도 아니다. 순천만 갈대의 사운대는 소리나 억새의 서걱거림도, 실은 그들의 몸이 바람과 비벼져 내는 소리이지 바람 자체의 소리는 아닌 것이다. 그러기에 바람은 제 소리를 제 목청으로는 내지 않고 다만 포개지고 감긴다.

그런 과정에서 바람은 물체의 냄새를 제 몸에 섞는다. 이럴 때 바람과 소리와 냄새는 치정癡情의 관계로 얽힌다. 이 무슨 망발인가. 바람은 제 몸을 내주어 물체를 비비고 섞어 소리를 낳고, 소리를 내던 물체는 품고 있던 냄새를 바람에 포갠다. 이들 셋은 어떻게든 떨어질 수 없어 서로에게 연민을 얹는다.

우리가 듣는 바람소리는 바람이 섞인 풍경이고, 소리는 풍경으로 기억되는 게 아닐까. 고창의 들녘에 일렁이는 청보리밭 군무를 소리 없는 영상으로 보고 있어도 우린 바람의 소리를 듣는다. 기억하는 풍경에 바람소리가 배어있고, 내 몸에 닿는 바람의 느낌이 기억을 소환하여 풍경으로 펼쳐진다. 바람에 닿고 감겨도 소리는 나지 않을 것 같은 몸속의 어디에선가 때로는 바람소리를 듣곤 한다. 그것은 어느 봄날의 따스한 바람이기도하고, 뉘엿뉘엿 노을 진 가을 저녁의 풀냄새에 섞여 오기도 한다.

때로 바람은 스산한 상처이기도 하다. 자신의 상처를 자신의 혀로 핥으며 살아내는 삶처럼, 바람은 상처를 핥을 때도 있다. 느닷없이 불어온 바람은 대책 없는 아픈 삶의 충동을 데려온다. 어쩌다 바람이 가져온 이런 충동은 길 위의 삶 하나를 위태하고 무질서하게 만들기도 한다.

봄날의 바람은 꽃잎을 데려가 흙에 눕힌다. 바람이 꽃잎을 데려가 잠재우는 풍장風葬의 그 끝이다. 겨우 며칠 나뭇가지에 꼭지를 대고 있던 꽃잎이 바람에 날릴 때, 꽃잎의 아름다움은 절정에 닿는다. 양분을 공급받던 꼭지가 나무에서 떨어졌다면 꽃잎의 생은 이미 저문 것인데, 어쩌자고 바람에 실려 자신의 끝을 저토록 화려하게 장식하는가. 무리지어 나는 꽃잎들을 앞질러 분분하게 날리는 꽃잎은, 꽃상여 앞에서 휘날리는 만장輓章처럼 나부끼며 길을 연다. 이때 풍장의 풍경은 절정을 연출하는 것이다. 이럴 때 바람은 소리 없는 연출자이고 꽃잎은 주연이 된다. 주연은 스스로 연기하지는 않는다. 오롯이 연출자의 몫이다.

바람은 내 몸이 갈 수 없는 모든 길을 간다. 그러면서 까맣게 잊은 내 기억을 느닷없이 내 앞에 펼쳐 보이기도 한다. 풍경으로도 오지만 어느 때는 가뭇없이 몸에 닿아 남아있는 기억에 포개지고 비벼지기도 한다. 몸에 닿는 바람은 기억인지 바람만인지를 난 구분하지 못한다. 바람이 바람만으로 바람을 밀어가듯, 바람이 내 몸속의 오래된 기억을 밀어 풍경으로 되살린 건지 난 알 수가 없다. 그도 아니면 바람이 자신의 창고에 있는 내 기억을 날아와 내게 가져다 준 건지 구별할 수가 없는 것이다. 바람이 내 기억을 소환해 준 것이라면, 바람은 내 기억의 주머니라도 가지고 있는 것은 아닐는지. 상념일 뿐이다. 귀가 순해진다는 나이를 훌쩍 넘어섰는데 바람의 어떤 소리도 구별하기란 여전히 내 몸 밖이다.

남도를 여행하며 동백꽃이 떨어지는 모습을 가까이서 지켜본 일이 있다. 제 몸의 무거움을 알고 있기 때문일까. 바람에 의지하지 않고 어느 순간 느닷없이 수직으로 뚝 떨어진다. 바람에 꽃잎 하나하나를 떼어주고 데리고 가는 대로 사선을 그으며 날아가는 매화나 벚꽃의 개별적 생의 끝과 사뭇 다르다.

바람이 부는 날의 동백은 후드득 떨어진다. 문득 있었던 것이 문득 없다. 이때도 바람은 소리를 내지 않고, 떨어진 동백은 구접스레 땅 위를 구르지 않는다. 바람은 마치 소임을 다한 듯 뒤따라오는 바람과 포개져 가던 제 길을 간다. 나는 동백 앞에서 순결한 바람의 끝을 만난다.

내 몸에 닿는 모든 것에 민감해 있던 사춘기 시절의 어느 날, 바람이 전하는 소리를 바람결에 들었다. 그것은 바람이 전하는 바람소리였다. 볼 수 없고 만질 수 없기에 나는 그 바람의 무늬와 질감을 아직 알지 못한다.

어머니를 힘들게 한 것이 아버지의 독선이라 짐작은 하고 있었지만, 한 여인의 삶을 등한시한 사건은 어머니의 가슴 속에 피고 또 피는 한의 꽃이었다.

그것이 아버지에게는 한낱 바람같이 지나쳐도 좋을 중년 남성의 낭만이었는지 모르지만, 그 세찬 바람을 온전히 받아내야 했던 것은 어머니의 몸이었다. 남들이 보기에는 풍류와 낭만이 깃든 잠깐 스치는 바람쯤으로 볼 수도 있겠지만, 한파 몰아치는 첫새벽처럼 문을 열고 바람살을 안고 간 건 어머니 혼자였다. 바람을 몰고 왔던 아버지는 철없이 덩달아 펄럭이던 두루마기 앞자락을 여미고 태풍 지나간 밤 아침을 맞듯, 실바람마저 재워 놓고 선산에 잠들었다. 이제는 자식의 얼굴조차 희미해져 가는 구순의 어머니는 그날의 모래알 섞인 돌개바람 소리를 기억하고 계실까. 아니면 기억의 창고가 있을 것 같은 바람 이는 곳에 어머니의 기억이 풍경으로 남아 있는 것은 아닐까. 자칫 젖어버린 속옷을 갈아 입혀드리면 뽀송한 요대기 위에 오도카니 앉아있는 소녀, 바람은 소리 없이 제 길 인양 스쳐지나갔지만 소녀의 가슴에 쌓였을 모래바람 일던 날들은 여전히 그 자리에 머물러 있을 것만 같다.

바람은 어디든지 가고 어디에도 머무르지 않는다. 바람이 머문다는 것은 이미 바람이 소멸되어 존재하지 않는 것 일터인데 우리는 '바람이 잦아드는 것'을 흔히 '바람이 잔다.'고 한다. 그날에 불어와 어머니가 들어야했던 바람소리는 가뭇없이 가라앉는 당신의 몸속 어디에서 자지 않고 있는 것은 아닐까. 어머니만이 볼 수 있고 만질 수 있었던 바람의 무늬와 질감을 몸에 새기고 있는 건 아닐는지.

지나가는 바람은 무언가에 부딪쳐 소리를 낸다. 어릴 적 동구 밖에서 불어온 바람은 고샅을 지나고 삽짝을 들어서서 마당의 흙먼지를 뽀얗게 일으키고, 부엌궁둥이에 감기며 숨을 거뒀다. 그런 바람은 봄에도 불고 가을에도 불었다. 여름의 바람은 맨살에 감기어 칙칙하고, 겨울의 그것은 깊게 파고들어 소란하고 매정하다. 예고도 않고 대중없이 불어오는 바람은 충동적이고 무질서 하다. 신라의 바람과 백제의 바람결이 다르지 않았을 것이고, 7세기와 21세기 바람의 성정이 다르지 않을 터이다. 그러나 바람이 일고 사그라진다는 것은 우주의 과학 원리를 들먹여야만 설명이 가능하니 사소한 일은 아닐 터, 삶의 길 위에서 바람소리는 들리고, 들어야 할 때가 있다.

바람의 소리인지 바람이 무엇엔가 스며들어 내는 소리인지를 구별해야 할 나이가 된 듯하다. 하지만 아직 귀가 순해질 기미가 보이지 않으니 스스로에게 연민을 얹을 뿐이다.

대숲에 가고 싶다. 억새와 갈대숲에 눕고 싶다. 창창한 청보리밭 가운데 서 있어 보면 어떨까. 눈 내리는 추운 날, 같이 하얘진 자작나무숲이면 또 어떠랴. 댓잎소리, 억새와 갈대의 사운대는 소리, 청보리가 눕고 일어나는 춤사위에 배어있는 소리, 자작나무의 속살에서 나는 소리를 듣고 싶다.

바람이 실어와 펼쳐놓은 풍경만으로 바람의 소리를 듣고 싶다.

나비물

우물터는 집에서 멀지 않았다. 삽짝을 나서 고샅을 조금 걸어 나오면 마을을 해바지골과 해너미골로 가르는 큰길이 나왔다. 그 길과 고샅이 만나는 골목 삼거리에 우물터가 있었다. 마을에서 공동으로 쓰는 우물이다. 빗물이 들어가는 것을 막기 위해 머리에는 조악한 함석지붕을 이고 있었다.

수도 시설은 생각지도 못하던 시절이다. 집안에 펌프로 길어 올리는 샘이라도 있는 집은 이웃들로부터 귀한 대접을 받았다. 우리 집은 공동 우물을 사용했다. 두레박으로 퍼 올린 우물을 길어와 부엌의 큰 항아리에 부어 놓고 식수는 물론이고 몸을 씻는 물까지 항아리의 물에 기댈 수밖에 없었다. 어머니의 고단함으로 옮겨져 온 물을 허투루 쓰는 것은 가족 누구에게나 금기된 일이었다. 큰 힘을 써야 하는 일이었음에도 누구네 집에서나 물을 길어 오는 일은 아낙들의 차지였다. 집안의 대주인 남자가 물지게를 지고 뒤뚱거리며 길어 나르는, 자상함이 엿보이는 집도 있었으나 아낙들은 되레 눈을 흘겼다. 출렁이는 물의 중심을 잡아가며 부엌 물동이까지 옮기는 일은 힘만 세다고 할 수 있는 만만한 일이 아니었다.

들에서 돌아오신 아버지는 세숫대야에 두어 바가지의 물을 받아 마당가의 두엄 밭머리에서 들일의 고단함을 씻어 내곤 했다. 세수를 하고 흙 묻은 발을 씻고, 흰 고무신 안에 흙을 깔끔히 씻어내고서야 세숫대야의 물은 소임을 다한 듯했다. 뿌옇게 흐려지기는 했으나 착하고 순한 물이다.

그러나 세숫대야에 담겨져 온 물의 소임은 여기가 끝이 아니다. 마당가의 푸성귀에 부어주거나, 흙먼지 폴폴 날리는 마당에 휙 뿌려지곤 했다. 때로는 삽짝을 나서 고샅의 뽀얀 흙길을 적셔주어 지나는 이의 발걸음을 사붓이 받아냈다. 물의 마지막 여행길이다. 나비물이다.

마지막 여행길을 떠나는 나비물이라고 똑같은 허드렛물은 아니다. 부엌에서 설거지를 한 물이나 생선이라도 다듬은 비린내 나는 허드렛물은 나비물로 쓰이지 못했다. 이런 물은 하늘 한 번 시원하게 날아보지 못하고 두엄 밭에 부어져 스며들거나 하수구에 버려져 생을 마감했다. 순결을 잃어 버림받는 딱한 물이다.

'나비'에 덧붙여 쓰이는 말은 대체로 나비의 사뿐한 날갯짓과 얇고 여리게 펼쳐진 나비 날개의 모양을 연상케 한다. 세수를 하고 발을 닦고, 거기에다 바깥 마루의 먼지를 훔쳐낼 걸레라도 헹군 순한 물이 쓰이는 것이다. 우물에서 부엌의 물항아리로, 바가지에 담겨 세숫대야로 옮겨져 자신이 해야 할 모든 소임을 마친 물이라야 나비물로 제격인 것이다. 그런 허드렛물이 나비 날개 모양으로 쫙 퍼지며 마당의 뽀얀 흙먼지를 안고 바닥에 가라앉을 때 나비의 춤사위가 된 물의 모습은 최고조에 달한다.

어디 그뿐이랴. 텃밭의 상추며 아욱 같은 푸성귀들은 아버지의 나비물과 어머니의 신기에 가까운 나비의 춤사위로 나는 나비물로 적셔지곤 했다. 아주 가끔은 신통치 못한 막내아들의 나비물을 한 모금 얻어 마시며 자랐다. 이튿날 마당에서 곡식 타작이라도 있는 날이면 나비물은 온통 마당을 날아다녔다. 주연인 순한 물은 어머니의 연출에 따라 춤사위를 펼치곤 했다. 흙먼지를 잠재우고 싸리비로 깔끔하게 빗질된 마당은 이발소를 막 나서는 새신랑의 얼굴처럼 정갈했다.

모두가 오래 사는 세상이고 보니, 이순을 넘긴 나이 가지고 어른의 행세는 언감생심이다. 하지만 예나 지금이나 살아온 물리적 시간이 지나갔음은 매양 같을 터다. 허드렛물도 쓰임새를 찾아 나비가 되어 한 번 더 비상했다가 까무룩하게 바닥에 내려앉는 나비물을 떠올려도 예사롭지 않다. 나비 춤사위 하나 흉내내지 못하던 막내아들의 삶도 그 어디쯤의 굽이를 지나며 방향을 가늠해 보고 있지는 않나 하는 생각이 들기 때문이다.

요즘은 나비가 춤추듯 뿌려지는 나비물을 볼 수 없게 되었다. 거주의 형태도 바뀌고 마당이나 고샅은 블록이나 시멘트로 포장되어 나비물이 춤을 추다가 사뿐히 내려앉을 곳이 없다. 설령 마당이 있다 한들 얼굴이나 발을 씻는 것이 마당가나 두엄 발머리가 아니다. 걸레를 헹구는 일은 로봇이 가져갔다. 이런 일들은 모두 집안으로 들어앉았다.

나의 이 별 볼 일 없는 생애는 그 누구에게 허드렛물이라도 되는 삶이었는가. 순한 허드렛물로 마지막 비상을 꿈꿔 보기는 했는가. 여러 용도로 쓰여 탁하기는 하지만 거슬리는 찌꺼기도 없고, 어떤 역한 냄새 한 숨 배어 있지 않은 순결한 허드렛물의 마지막 비상. 나비물로 날아, 오가는 고샅에 흙먼지를 잠재우고, 타작을 앞둔 농가의 마당을 정갈하게 해주던, 그런 허드렛물의 마지막 비상을 내 삶에 그려 본다.

그해 여름의 칸나

잊은 지 오래된 시간도 그 안에 풍경은 살아있다. 말하여질 수 없는 지나간 시간은 풍경으로 기억되는 모양이다. 그해 여름의 칸나가 내게 그러하다. 개들조차도 혀를 내밀며 기진해 있을 팔월의 태양, 그 아래서 칸나는 꽃을 피웠다.

누구에게나 자신의 삶에 지울 수 없고, 지워지지 않는 자국을 남긴 어느 지점의 풍경은 있게 마련이다. 그 시절 아무런 대본도 없이 자신의 본능이 연출하는 대로 끝나지 않을 것 같은 성글은 이야기를 꾸역꾸역 만들어가고 있었다. 삶의 혼돈 속에서 어제나 그제나, 맞닥뜨린 오늘이나 한지에 배어드는 먹물처럼 나의 생활은 예상치 않았던 무늬들만 만들어 가고 있었다. 30여 년이 훌쩍 넘어선 세월인데도 그 대책 없던 무늬는 빛도 바래지 않고 기억의 저편에 풍경으로 남아 오도카니 자리하고 있으니 말이다.

그해 여름은 덥고 비가 내렸다는 기억은 없다. 여름인데 어찌 빗줄기 한줄금 없었으랴. 하지만 시원하게 내리는 비의 기억이 없다. 매일 후덥지근하고 계통 없이 날뛰는 상념은 20대 후반에 접어든 내 정서를 지배했다. 땅을 달구고 살아 있는 모든 것을 말라가게 했던 태양은 저녁이면 낮은 산에 누워 있는 묘지를 적시며 눅눅해졌다. 여름 저녁의 공기는 물을 먹지 않고도 축축하고 무거웠다. 눅진해진 저녁은 노을에 물들었다. 노을은 마음에 박혀 색깔과 질감이 매일 달라졌다. 하지만 만질 수 없는 질감은 무질서한 젊음의 가슴에 박히고 더러는 어제의 그것에 포개졌다.

이웃에 위치해 있어 자주 찾는 학교 운동장 가장자리의 벤치 하나는 나의 시간과 당시의 정서가 포개진 곳이다. 많은 시간이 그곳에서 나를 훑으며 지나갔다. 들러붙은 듯 눌려진 시간은 나를 스칠 때 헐거워졌다. 그런 시간과 사위의 풍경이 만들어내는 휘어진 정서는 화단에 피어있는 칸나를 바라보고 있었다. 칸나는 한낮의 열기에도 주눅들지 않고 대궁을 곧추세운 채 발갛게 발기되어 어둑해지는 사위를 다스렸다. 노을이 힘을 잃어 갈 때쯤 칸나의 붉음은 대상 없는 욕정을 발산하고 있는 것만 같았다.

색채의 과학적 논리를 말하자는 것은 아니지만 칸나의 꽃이 진빨강으로 보이는 것은 빨간색의 결핍이다. 우리 눈에 들어오는 색이란 것은 다가오는 빛 중에 반사되는 것이기에 칸나의 꽃은 빨간색을 갖지 못하는 빛의 결핍인 셈이다. 차마 당시의 날뛰는 정서를 그것에 투영하여 이리저리로 찍어 붙이고 싶지는 않다. 나의 결핍은 무엇인가 하고 잠시 스치는 생각에 머물렀던 기억뿐이다.

산그림자가 운동장을 덮을 때쯤, 베어진 풀에서 나는 비릿한 냄새가 여름 저녁의 궁색한 바람에 실려 지나갔다. 소꼴을 지게 소쿠리에 수북이 실은 고단한 삶 하나가 어둑해지는 마을 어귀에서 아내와 자식이 기다리는 집으로 가고 있는 것이 보이곤 했다.

결정된 그 아무것도 없었기에 놓인 길은 많았다. 길은 책 속에 있지도 않았고 끼적이는 노트 속에 있지도 않았다. 눈이 붉어지도록 비벼대며 새벽녘이 되어서야 간신히 한 장의 종이를 글로 채웠다. 아침노을이 펴질 때쯤 다시 읽어보면 관념의 늪에 빠져 허우적거리는 알 수 없는 언어, 그 시절 끼적이던 '시'詩라는 생물生物이다 그것을 써놓고 또 한나절을 눈만 끔뻑이며 앉아 있는 것이다. 다시 읽어보며 마음에 들지 않아 구겨 집어던진다고 개도 안 물어갈 사물死物.

길은 늘 밖에 있었다. 대학을 졸업하고 대여섯 번의 언론사 시험, 더 많은 횟수의 신춘문예 응모, 함께 묻혀 버무려진 시간들이 거기에 눌어붙어 있었다. 안에 있을 거라 생각했던 길들도, 밖에 있는 많은 길들도 아득하기는 마찬가지여서 선뜻

들어설 길은 하나도 보이지 않았다. 어떤 길을 바라봐도 무엇 하나 집중되어 있지 않았다. 그렇다고 하고 싶은 일이 많아서 마음이 이리저리 분산되고 있는 것도 아니었다. 모르기는 하되 흘러가고 있는 젊음의 어느 여울목에서 안쓰럽게 상처만 키워가고 있었던 거였다. 물론 훗날에 계통도 없고 무질서했지만 내 삶의 한 시대로 정의함은, 지나간 계절의 포개짐이 얇지만은 않은 까닭이기도 할 것이다.

내 앞에 길은 많다고 생각했다. 하지만 길이란 것이 원래 처음부터 임자가 정해진 것은 아니잖은가. 그렇다고 걸을 수 있을 것 같은 길을 다시 들여다보면 보이던 길은 다시 알 수가 없는 길이었다. 여름날의 농사일처럼 해도해도 표시는 나지 않고 다만 지루하고 힘겨운 시간만을 안고 있었다. 지나간 시간을 지금으로 불러올 수 없다. 미래에서 다가오는 시간 역시 만질 수 없고 먼저 다가서 찌를 수 없다. 당시 맞닥뜨린 시간이 이제는 풀어져 헐겁고 흐릿하다. 그저 칸나를 바라보던 스물일곱의 대상 없는 성욕은 칸나를 여성화 시켰지만 느닷없이 나타났다가 시간이 바스러지듯 무참하게 모습을 감췄다. 참으로 뜬금없고 허망한 욕심이다.

어쩌면 당시의 분산되어 명료해질 수 없는 정서는 견딜 수 없는 것들을 꾸역꾸역 밀어내고 있었는지도 모른다. 그 길을 갈 건지 말 건지, 또 걷기로 작정한 그 길이 내가 임자이긴 한 건지, 널뛰듯 하는 망설임의 순간에도 칸나를 바라보는 시간 속에 슬그머니 풀어버리고 있었다. 벤치에 앉아서 붉은 칸나를 대중없이 바라보고 있다고 해서 그 붉음을 가져와 새로운 의지를 불태운 것도 아님은 분명하다. 다만 그해 여름의 칸나를 바라보며 한껏 발기했던 붉음을 잃어 추레해져도 제 몸의 대궁에 붙어 있는 꽃잎을 보았다. 그해 여름에 내가 건진 가장 값진 풍경이다. 그 풍경을 새길 때에도 햇볕은 깊고 힘셌다. 지금도 그때의 풍경은 기막히다.

길은 생뚱맞은 곳에도 뻗어 있었다. 어느 날, 손때가 묻은 신학교 편입 원서를 구겨 휴지통에 넣었다. 서울행을 택하고 허리에 매달린 허망을 여름이 가며 풀어 놓았다. 그렇다고 홀가분한 기분은 아니어서 서울로 가는 버스 안은 무겁고 칙칙했다. 그해 여름은 칸나의 피고 짐과 발기와 시듦이 거듭되며 지나가고 있었다.

얼마 전 들른 모교인 초등학교 교정은 맑았다. 초가을로 접어든 운동장은 그해 여름의 그것처럼 까불대지 않았다. 밤새 내린 안개가 일찍 걷혔다. 가을로 들어선 풍경은 화단에서 내놓는 순하고 맑은 공기로 공란 없이 채워져 있었다. 잊었던 그곳에 칸나는 피어 있었다. 학생 수가 번성했던 시절의 십분의 일에 지나지 않지만 교사校舍며 화단은 그대로다. 마음속에 똬리를 틀고 있던, 붉음의 극한으로 치닫던 색도 그저 흔히 보는 붉은색이다. 한쪽 대궁에는 붉음을, 옆 대궁에는 지는 갈색을 함께 내놓고 있다. 대상 없던 젊음의 욕정과도 같았던 붉음은 안으로 삭혀져 차분히 가라앉아 있었다.

긴 세월을 살았다고 할 수는 없겠지만 결코 짧지 않은 세월이다. 돌이켜 보면 가지 못한 길은 아깝고, 가지 않은 길은 아쉽다. 그러한 지나온 삶에서 이쪽을 택했든 저쪽을 택했든 내 삶은 어떻게든 이어져 왔을 것이다. 또 그렇게 지나오며 불혹의 나이를 거쳤을 것이고 지금처럼 이순의 나이를 넘었을 것이다. 순간순간 삶의 길이 달라지는 중요한 결정들이 있었겠지만 지나고 나서 보면 당시에 느꼈던 요동치던 정서는 그렇게 겁낼 만한 것은 아니었던 것 같다. 젊은이들이 가야 할 길이 좁고 험하다는 당시의 보편적 상황이 어찌 보면 무위도식으로 벤치에 앉아 칸나나 바라보고 앉아있는 나 자신에게는 전혀 위로가 되지 않았던 게 분명하다. 요동치는 정서보다는 그 대책 없는 적막이 무섭고 싫었다.

덥고 지루한 올여름도 끝이 보인다. 지난해 늦가을 지인으로부터 얻어온 칸나 구근을 포대에 담아두고 겨울을 나게 했다. 올봄 방 앞의 화단에 구근을 심었다. 대궁이 굵어지고 잎이 맘껏 자리를 넓히더니 보름쯤 전부터 붉은 꽃잎이 올라오고 있다. 지난날 여름의 저 붉음은 어지간히도 진했다.

지나간 시간들이다. 돌이켜 부술 수 없다. 또한 다가올 시간도 먼저 가서 찌를 수 없다. 앞에 다가오면 스쳐 보내고 더러 만질 수 있으면 다행이다.

그해 여름의 칸나의 기억은 이제 멀고 흐리다. 다만 문방구 출입구에 자리한 두더지게임기의 두더지 머리처럼 불쑥 튀어나왔다가 한 대 얻어맞고 움츠리곤 한다. 당시 빈곤한 내 정서의 드러남으로 두려웠던 기억도 지워졌다.

창문에 새겨 놓은 듯 피어 있는 내 안식처 앞의 붉음 옆에서 퇴색해가는 시간을 더듬어 본다. 퇴색하여 갈색이 됐든 아니면 다른 어떤 색이 됐든, 나를 나이게 하는 구성물 중의 하나로 눌어붙어 말라가고 있는 칸나의 꽃잎을 바라본다.

| 작가노트 |

겹눈으로 세상 보기

내 수필 중 다수는 그 뿌리가 시에 닿아있다. 수필이든 시든, 감추고 있는 현상을 감지해 그것을 이해하고, 이해된 것을 자기만의 언어로 재구성하기 위해서는 현상의 인식이나 사유를, 언어로 표현해 낼 수 있는 감각이 필요함은 더 말할 나위가 없다. 이렇듯 인식이나 사유를 언어화 한 것이 어느 장르가 됐든 문학의 뿌리나 기둥이 될 터인데, 내 몸에 닿지 않은 것의 질감과 무늬를 그려내기에 나의 글쓰기는 여전히 아둔하여 연민을 받아 마땅하다.

시와 수필을 같이 하다 보니, 어느 한쪽이 늑장을 부리면 애가 닳는다. 달래서 될 일이 아니다. 시란 놈이 본래 까탈스럽고, 자신을 설명하는 것도 싫어하고, 뒤태를 보이는 것도 마뜩잖아 한다. 어떤 사실을 말할 때도 겉으론 무관심한 체 시치미를 떼곤 한다. 그래서 자신의 등을 슬며시 보이기도 하고, 때로 속내를 슬쩍 드러내는 수필이 그 몫을 해낸다. 그러니 내 수필은 내 시의 전신全身이라고 할 수 있다.

시를 써놓고 수필로 말할 때, 둘 사이에는 다른 기류가 생겨나 불꽃이 튀기 마련인데, 이때 시는 제 몸을 풀어 놓은 언어를 잘 조합하면 달래진다. 하지만 수필은 언어의 조합만으로는 달랠 수 없기에 그저 온몸으로 밀고 나아가야 한다. 하여 나는 시를 '쓴다.' 하고, 수필은 '한다.'라고 말한다. 시는 쓰는 것이기에 손을 볼수록 몽당연필처럼 짧아지고, 수필은 온몸으로 밀고 나아가며 만질수록 길어진다. 내 문학의 한계이다.

내가 글쓰기에서 시와 수필이 서로 기댈 수밖에 없으니 무엇이든 써놓곤 연민을 얹는다. 다만 곁눈으로 두 집안을 지켜보며 양가의 평안을 지켜볼 일이다.

수상작

제은숙

석종 소리 깨어나다

꽃이었을까

치우친 잠

작가노트

깊고 친절한

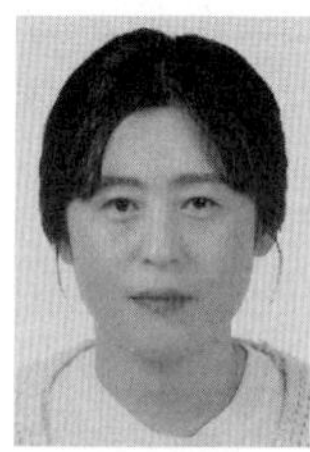

제은숙

전남매일신춘문예(2020), 《수필과비평》 등단

수상 : 제9회 경북일보문학대전 금상, 제13회 천강문학상 대상

석종 소리 깨어나다

이곳에 오고 싶었다. 목숨이 다한 용왕의 아들과 그를 따라 나선 수만의 물고기들이 돌로 변했다는 곳. 왕자는 미륵돌이 되어 석괴로 잠든 신하들을 내려다보고 있다. 비가 내리면 석심石心에서 퍼지는 종소리를 듣게 된다는 신비한 전설이 깃는 장소이다. 어느 영화에서 쏟아지는 비를 맞으며 오열하던 남자를 생각한다. 끝끝내 찾지 못한 인연 대신 그의 귓전에 울리던 경석 소리를 나도 듣고 싶었다.

만어滿魚의 이야기가 없었다면 쉬이 찾지 않았을 작은 사찰이다. 무더기로 쏟아져 내린 돌덩이들이 일제히 미륵전을 향해 엎드렸다. 계곡을 가득 메운 시커먼 돌 무리 앞에서 아무리 애를 써도 물고기의 모습은 찾기 힘들다. 억지로 보고자 하는 욕심이 신들의 물길이 열리는 순간을 가로막는가. 너덜겅 사이로 길게 뻗은 길이 보인다. 신묘한 소리를 확인하고자 사람들이 두드린 곳마다 돌면이 번질거리고 바래져 선명한 띠를 이루고 있다.

두드린다고 열리는 문이 아니다. 수천 년 세월 동안 고고히 흘러온 돌강은 쉽사리 속을 내보이지 않는다. 전설의 비밀을 푸는 열쇠. 그 뜻을 알아내는 사람에게만 출렁이는 형상을 드러내고 물살을 거슬러 오르는 어신魚身의 실체를 보여줄 터였다. 눈을 가늘게 뜨고 미세한 움직임을 찾으며 물고기의 출현을 기다린다. 세상에서 가장 거대하다는 고래나 전설 속 물고기로 불리는 돗돔, 포세이돈의 마차를 끌었다는 해마와 슬픈 설화에 나오는 인어까지 떠올렸으나 헛수고이다. 돌 고기는 나를 비웃듯 변신할 기미가 전혀 없다. 사람들이 낸 희끄무레한 길을 따라가며 애꿎은 돌덩이만 내려치다 되돌아온다. 텅텅 둔탁한 소리만 울릴 뿐 듣고자 했던 음은 아니다. 내가 다녀온 길을 미륵전 바위가 가만히 굽어본다.

이곳으로 이어져 온 발길들을 떠올린다. 주변에서 찾을 수 있는 단서로는 까닭을 알 수 없다. 시대를 초월하여 지금까지 사람들의 의식 속에서 혼을 부르는 이름이라면 형체가 없을 터. 너덜지대를 걷다가 처음 절을 지은 가야인의 마음으로 정신을 모으면 해답을 찾을 수 있겠다는 생각이 든다. 거대한 자연과 용신에 대한 경외심. 돌에 생명을 불어넣었던 것은 증

명할 수 없는 이야기를 진실이라고 여겼던 믿음이었다. 그 신념들이 모여 천지간에 물고기를 불러낸다. 눈앞에 보이는 검은 돌무덤은 육체요, 생명의 너울로 꿈틀거리게 하는 믿음은 영혼이 된 셈이다. 물고기의 일신은 바람과 비에 깎여 푸석해졌지만 신앙만은 선명하게 살아남아 넋의 소리로 울려 퍼진다. 그 울림을 읽을 수 있는 감각이 신어神魚의 영역을 열고 경돌의 쇳소리를 듣게 하리라.

첫눈에 반한 여자가 만어의 전설을 들려주었을 때 영화 속 남자는 믿지 않았다. 여자의 아버지는 월북한 지식인이었고 둘의 사랑이 이루어지기 힘든 시대였는데도 남자는 이별을 애써 부정했다. 그는 숨어 버린 연인을 찾아 헤매다 만어들의 땅에 다다른다. 안개 자욱한 돌 골짜기에서 목놓아 울며 마침내 이별을 받아들인다. 세찬 빗줄기가 쏟아지고 종소리 또렷하게 들려온다. 연인에 대한 그리움과 믿음이 결계의 장막을 걷고 여자의 진심을 전하는 석종을 쳤을 테다. 시대가 만들어 낸 거짓을 꾸짖는 경종이었는지도 모른다. 보이는 것이 모두 진실은 아니라고 부르짖는 돌의 북소리.

이곳에 와서 세상 너머의 소리를 들으면 내 삶을 위로받을 수 있을 것 같았다. 언제부터인가 잃어버리기 시작한 소리들을 찾을 수 있을 듯도 했다. 채워지지도 비워지지도 않는 욕심들과 싸웠다. 마음에는 날이 섰고 육신은 닳아서 움츠러들었다. 상처가 쌓여 일상을 좀먹었고 어떤 욕망은 썩어서 고약한 냄새를 피웠다. 영혼은 나날이 탁해지고 내 안에는 무겁고 시끄러운 소음만 가득하였다. 이 자리에서 증오로 각인된 기억들을 비워내고 묻혀 있던 맑은 옥 소리를 듣고 싶었다.

삶의 본질을 여는 방법도 알고자 했다. 순리대로 살면 편안해진다는 평범한 기대를 품었다. 폭풍우를 뚫고 나는 어린 새의 날갯짓과 꿈을 향한 청춘의 순수한 열기와 밤을 꼬박 새우는 어미의 비손으로 세상이 가득 차기를 바랐다. 그래야 깎아지를 듯한 인생의 협곡에서 돌종의 메아리를 들을 수 있지 않을까. 그렇지 않다면 아직도 수많은 걸음걸음이 암괴에서 물고기가 깨어난다고 믿으며 이 땅으로 모일 리 없다. 사람살이의 끝이 허방일 리만은 없다.

무엇을 버리고 무엇으로 메워야 하는지 아직 모른다. 미미하여 보이지 않는 것을 발견하는 일은 더욱 막막하다. 다만 살아내려 애쓴 흔적과 누군가를 살리고자 했던 손길에 온전히 그 존재를 믿어주는 기운이 서려 있었다는 사실을 깨닫는다. 내 몫을 챙이느라 사소하게 지나쳤던 애틋한 음성을 기억하며 내면의 소리를 찾으러 왔다. 여기에 어리석었던 과거를 버리고 돌탑을 쌓는다. 위로 올라갈수록 가벼운 돌을 얹어야 중심이 바로 서듯 나이를 먹을수록 안을 더 비워야 본심의 목소리를 받아들일 수 있다는 이치를 배운다. 내가 듣는 모든 소리는 내 안에서 나왔다. 고대인들이 믿음 하나로 석신石神을 깨웠듯 내 속에서 튀어오르는 소리들로 넘어진 현생을 일으켜 세워야 한다.

오랜 후에 돌의 계곡이 풍화되어 자취 없이 사라져도 굳은 마음만은 오롯이 남아 백골석白骨石을 받들 것이다. 사람 또한 소멸될 몸으로 태어났지만 누군가에게 기억될 존재이다. 아무도 지지해 주지 않는 생인들 어떠리. 아직 끝나지 않은 삶에서 곡진한 흔적들이 세월의 골짜기를 채울 때 물가 모래 언덕 위에 나직한 흙성 하나 지으면 그뿐. 파도가 밀려오면 끝날 운명이지만 내가 살았다고 믿으면 내 생은 분명 거기에 있다. 스스로를 믿는 순간, 눈앞에 놓인 돌강과 선계를 흐르는 신화의 경계가 허물어진다. 돌 껍질이 터지고 만어들이 서서히 되살아난다. 안개가 자욱이 밀려온다. 어디선가 석종 소리 깨어나는가.

꽃이었을까

단 한 번이라도 할 수 있을까. 자신에게 주어진 겨울을 이겨내고 꽃잎을 활짝 여는 이가 몇이나 될까. 꽃 피는 일이 새삼스러운 풍경도 아니건만 창밖의 꽃무리에서 눈을 떼지 못한다. 몸의 감각이 깨어난다. 눈이 함빡 뜨이고 솜털 끝이 간질거린다. 카푸치노 우유 거품처럼 벚꽃이 부푸는 중이다. 혹여 꽃잔이 넘치지는 않을까 괜한 걱정까지 인다. 이번 봄에는 온갖 꽃들이 별하게 다가온다.

삼월 하순 즈음, 부모님 댁에 가면 웃자란 시금치와 대파와 상추를 한 보따리 안겨 준다. 얼마 전 다녀왔을 때는 채소들 사이에 낯익은 꽃 한 단도 끼어 있었다. 아버지가 키우는 조팝꽃이었다. 꽃꽂이나 꽃다발에 한두 가지씩 보태어 멋을 더하는 인기종이다. 내게 딸려온 조팝꽃은 프리지어나 장미 같은 이름 있는 품종과는 어울리지 못했다. 그러면 어떠한가. 보라색 상추는 수국 송아리처럼 탐스러웠고 연초록 시금치 줄기는 카라 꽃대궁 못지않았으며 쭉 뻗은 대파에는 터질 것 같은 백합의 도도함이 흘렀다. 비록 신문지에 둘둘 말려 볼품없는 신세였지만 아버지가 만들어주신 채소 꾸러미는 한 아름의 꽃다발이었다.

봄이 오면 아버지는 친정집 인근 꽃 하우스에서 일을 하신다. 이전에도 관광단지에서 정원을 가꾸셨기에 당신에게는 익숙하고 고마운 일자리란다. 훨씬 더 젊었을 때는 고기잡이 배를 탔으므로 지금 하는 일은 힘들지 않다고 말씀하신다. 개화開花 시기에 맞춰 쉬는 날 없이 이어지는 노동에도 쉬운 벌이가 어디 있냐며 조용히 웃으신다. 이제는 꽃구경도 다니고 편하게 지내도 괜찮으련만 손주들 용돈 주는 재미에 흡족해 하신다.

꽃을 출하할 때는 얼굴 뵙기가 힘들다. 그날도 일찌감치 출근하신 까닭에 하우스에서 귀가 인사를 올렸다. 아버지 일터에는 처음 가 보았다. 작업장 뒤로 길게 늘어선 비닐하우스 안에 조팝나무가 희끄무레한 봉오리를 매단 채 빽빽이 들어차 있었다. 상품으로 내는 꽃은 발화發花하기 전에 베어야 하므로 밥알처럼 달리는 하얀 꽃송이는 보지 못했다. 도착한 지 얼마 지나지도 않았는데 아버지는 얼른 가라며 손짓을 한다.

뒤를 돌아보니 아직 피지 못한 조팝꽃과 희미하게 미소 짓는 아버지가 한 무더기 꽃바다가 되어 일렁였다.

화초를 좋아하는 부모님 덕분에 옛 고향집에는 유난히 꽃이 많았다. 아버지는 마당 한편에 돌을 쌓아 화단을 만들고 꽃나무를 심었다. 어머니는 꺾꽂이나 파종으로 해마다 가짓수를 늘렸다. 영산홍이며 천리향이 만개하는 봄이면 지나가던 이들이 불쑥 들어와 뿌리나 가지를 얻어가기도 했다. 초여름 작약도 늦가을 국화도 그랬다. 채소밭에는 감자와 도라지와 당근과, 부추와 방아와 쑥갓의 꽃들이 즐비해서 사시절 꽃잔치였다. 우리 집뿐 아니라 이웃의 울안에도 갖가지 꽃색이 넘쳤다. 뒷산과 들판에 논둑과 길가에 바닷가 낭떠러지 위에도 꽃이 피고 졌으니 그야말로 꽃대궐이었다.

내가 서너 살이 됐을 무렵 아버지는 바다가 훤히 내려다보이는 곳에 아담한 집을 마련했다. 단칸방 전세살이를 거쳐 어렵게 구한 터전이었다. 그곳에서 들꽃 같은 자식들을 키우기 위해 꽃밭을 만들었다. 여러 날 땅을 헤집어 돌을 골라내고 지푸라기를 깔아 꽃의 방을 지었다. 한 칸에는 여리고 순했던 언니를, 다른 칸에는 잘 웃고 명랑했던 나를, 나머지 한 칸에는 강인하게 우뚝 서기를 바랐던 남동생을 옮겨 심었다. 그러나 청정한 물과 하오의 진한 볕을 살 돈은 없었다. 아버지는 당신이 일군 뜰을 지키기 위해 바다로 갔다. 마당 아래로 펼쳐진 해면에서 햇살이 튀어 올랐으므로 긴 세월 그물을 던졌다. 세상의 아버지들은 볕뉘 한 조각을 구하기 위해 새벽잠을 설치고 가파른 계단을 오르고 기꺼이 모진 말을 삼킨다.

젊은 날의 내 아버지, 당신은 늘 두고 온 뜨락이 궁금하였을 것이다. 목이 마르지는 않은지, 뿌리를 단단하게 내렸는지, 싹은 얼마나 앙증맞은지, 그리하여 가뭄을 이겨내고 어여쁜 망울을 맺었는지. 어쩌면 꽃들의 일상이 그리워 슬펐는지도 모른다. 그런 아버지를 위해 나의 어머니는 아버지가 보내주는 햇볕과 바람 한줌을 섞어 꽃들을 키워냈다. 아버지는 가끔 들러 마당을 쓸고 울타리를 고쳤다. 당신이 바다로 돌아가면 물결 사이에 꽃이 피고 노을 위에 꽃이 벙글고 꿈속에서도 꽃이 환했겠다. 자연이 시간의 갈피마다 꽃불을 밝혀 계절을 인도하듯 아버지도 자식들을 꽃 등대 삼아 삶의 길을 항해했을 것이다. 암초를 피하고 거센 파도를 잠재우며 생의 이정표를 찾았을 테다. 당신의 꽃봉오리는 오므리고 품었던 꿈은 바다 골짜기에 수장시키면서.

아버지가 피우려 했던 꽃이 궁금해진다. 높은 명성과 부를 가진 모란이었을까. 한 계절을 뜨겁게 불태우는 칸나였을까. 누군가를 살리는 약초 꽃이나 볕바른 돌담 곁에 머무는 구절초를 좋아하셨던가. 아니다. 이제 와 그 모든 상상은 아무 소용이 없다. 아버지는 오래전부터 이미 고결한 꽃이었다. 파도와 바람의 결에 집으로 돌아오는 길목에 내 마음속에 당신이 버린 꿈의 무덤 위에도 '아버지'라는 이름의 꽃으로 찬란하게 피어 있었다.

나는 아버지의 생을 아름답게 수놓은 꽃이었을까. 생각해

보면 더 뽐내지 못해 조바심 내는 나와 달리 아버지는 자식들에게 실망한 기색을 보인 적이 없다. 나는 고급 온실이나 화려한 꽃집 안을 탐내기도 했었는데 아버지는 다른 정원의 꽃을 부러워하지 않았다. 당신의 부족함으로 자식들이 당당하지 못할까 봐 작은 토분土盆 하나라도 마련해 주고 싶어 하셨다. 내가 아이를 키워보니 알겠다. 어떤 이는 존재만으로도 꽃이 된다는 사실을. 내 아이의 순간순간이 꽃이듯 나의 지나온 모든 계절도 아버지께 꽃이었다는 이치와 그것이 아버지와 내가 지상 최고의 꽃으로 함께 사는 길이었음을.

아버지가 주신 조팝꽃이 시들어 간다. 있는 힘껏 살다가 누렇게 마르더니 바닥으로 떨어지기 시작했다. 저물어 가는 바닷가 언덕 위에 꽃 등대를 밝히고 어머니와 어린 삼남매로 꽃다발을 만들어 눈부시게 젊었던 나의 아버지를 마중 나가고 싶다.

치우친 잠

팔자주름이 생겼다. 콧볼 옆에서 시작하여 입술 끝을 끌어내리듯 늘어져 있다. 오른쪽 볼에 더 진하게 자리잡아서 좌우 균형이 무너져 난감하기까지 하다. 없던 고민도 생길 것 같은 우울한 인상이 완성된다. 가리겠다고 화장이라도 하는 날에는 틈 사이로 분가루가 뭉치며 도드라지고 음영이 오히려 짙어진다. 신경이 온통 얼굴 금에 쏠려 자꾸만 손이 가고 지울 방책을 찾느라 미간에 힘을 준다. 그러면 그나마 봐줄 만했던 왼쪽 볼과 이마에도 그늘이 진다.

아무래도 그 일이 연유인 듯싶다. 한 해가 다 가도록 오른쪽으로 돌아누워 쪽잠을 자던 때가 있었다. 도대체 숙면이라고는 모르는 갓난 녀석 때문에 모로 웅크려 누울 수밖에 없었다. 밤낮으로 데리고 돌아다니다가 업은 채로 잠들기 일쑤였고 겨우 눕혔다 해도 언제 깰지 모르는 아이 옆에서 늘 촉각을 곤두세웠다. 왜 반대로 눕거나 바닥에 등을 대지 않았을까. 얼굴 주름으로 이토록 고민할 줄 알았더라면 억지로라도 몸을 뒤집었을 텐데. 십 년이 훌쩍 넘어서야 불완전했던 그 시절의 잠 속을 되짚어 본다.

맨바닥에 팔을 베고 구부정하게 누운 내가 보인다. 잠시 눈을 붙인 사이, 온갖 걱정이 머리 문을 밀고 들어온다. 아이는 무슨 까닭으로 잠들지 못하는지 불안한 마음이 오른쪽 뇌로 쏟아져 내린다. 낮에 주고받았던 거친 통화 내용이나 받아들이기 힘든 험한 구절도 차례로 흘러서 오른편에 고인다. 며칠 전 있었던 다툼의 자국까지 넘어진 머리 벽에 끈적하게 들러붙는다. 궁리 끝에 머릿속을 헤집은 범인의 그림자가 손에 잡힐 즈음 아이가 울음을 터뜨리며 깨어났다. 겨우 삼십 분쯤 지났을까.

반복되는 불면의 시간이 모여 우뇌 밑바닥에 무거운 감정과 기억이 가라앉았다. 하나의 상념 위에 다른 생각이 쌓이고 다져져 압축되었다. 어떤 생각 토막은 자리를 옮겨 다른 기분과 결탁하기도 했고 마치 생물처럼 흩어진 고민 조각을 삼켜서 몸을 불리고 새로운 긴장감으로 분화되었다. 일단 시작된 착상은 뜻밖의 상상을 불러오고 전혀 무관한 사연들이 더해져 묵중하게 나를 짓눌렀다. 어느새 폭발적으로 성장한 근심과 공포는 머릿속을 갉아댔다. 무겁고 지끈거리는 통증에 두통약을 찾았다.

잘 정리된 생각들은 특별한 곳에 저장되었다. 그들은 비슷한 느낌이나 내용, 혹은 같은 사건끼리 줄을 서거나 이름을 달기도 하였다. 평소에는 머리 깊숙이 박혀 있다가 누군가 궁지로 몰 때 입을 통로 삼아 신속하게 빠져나왔다. 깔끔하게 정돈된 생각은 요긴하게 쓰였는데, 감정의 찌꺼기나 파편들은 버리고 냉정한 시선으로 각을 맞췄기 때문이다. 첫장에서 막장까지 외우다시피 되뇌였으므로 한 치의 빈틈도 없이 상대의 허를 찔렀다. 그러나 수습하지 못한 채 내뱉은 말은 다듬지 않은 감정이 너저분하게 붙어서 낭패를 겪었다. 과연 인간의 언어이기는 한지 헷갈릴 정도의 무의미한 아우성이었다. 생각들은 점점 더 억살맞고 불퉁스러워져 날로 고집을 부려댔다. 자신의 견해는 옳고 상대는 틀렸다며 몰아세웠고 그동안 알던 상식과 원칙은 잊었으며 넘칠 만큼 쌓인 무게로 돌아눕기는 어려웠으므로 오른쪽으로 치우친 잠은 계속되었다.

누적된 편견들로 불화가 이어졌다. 타인들이 만나 가족이 되어가는 과정은 힘겹기만 했다. 남녀 차이와 세대 차이, 지역의 다름은 극복하기 어려웠다. 특히 아이를 키우는 일은 장벽에 부딪혔고 혼자서 감당하기 버거웠다. 자주 잠을 설쳤다. 하나의 벽이 쓰러지자 다른 버팀목들도 연이어 넘어졌다. 그런 날이 이어지는 동안 얼굴에 실금이 가고 볼이 찌그러지고 깊고 넓게 파였던 모양이다. 이미 기울어진 잠 속에서 더 까마득한 구덩이 안으로 함몰되어 가기만 했다. 얼굴을 살필 여유가 생긴 지금에서야 선명하게 터를 잡은 주름이 눈에 들어온다. 생각해보면 미지의 세상으로 떠밀렸던 순간부터 쏟아지는 강요와 억압과 모순에 짓눌리고 있었는지도 모른다. 사는 일이 위에서 누르는 압력에 납작해지는 과정이므로 나이가 들면서 몸 주름이 지는 것 또한 당연한 이치다.

왼쪽으로 몸을 세워 누워 본다. 극도로 마음 조일 일이 이제는 없으므로 아무렇게나 늘어져도 그만이지만 여전히 왼쪽으로 눕는 일은 불편하다. 견디려 애를 써 봐도 잠이 오지 않는다. 다시 불면의 시간이 찾아오면 오른쪽 머리에 눌려 있던 생각 뭉치를 끄집어낸다. 내 얘기를 들어달라고 호소하고 내게 요구하는 것들이 부당하다고 부르짖는 문장들이 딸려 나온다. 하나씩 좌뇌로 넘긴다. 감정이 아닌 이성의 영역에 던져놓고 새롭게 바라보고 싶다. 한 장 한 장 넘어가던 생각들은 아코디언처럼 길게 늘어졌다가 제자리로 돌아오기를 반복한다. 실패에도 거듭 시도했더니 찢어지고 뜯긴 회한의 글 일부가 벽을 넘는다. 완벽한 이해와 포용까지는 아니더라도 어느 구석 모퉁이에 인정할 줄 아는 지혜가 생긴 모양이다. 한번 생긴 주름이 사라지기야 하겠느냐만 반대로 몸을 돌리거나 바닥에 등을 대어 눕고 때로는 엎어져 자는 사이 자연스레 균형이 맞춰질 것이다. 상대나 세상과의 드잡이도 돌아누워 보려는 용기가 필요하다.

몸에 생긴 주름은 삶의 진실한 흔적이다. 슬쩍 방향을 틀거나 다른 곳으로 시선을 돌리게 할 수도 있지만 내 지난날 같이 여겨지는 얼굴 주름을 완전히 삭제할 뜻은 없다. 좌우의 중심에 생각과 감정이 드나드는 샛길을 만들고 파도가 들고 나는 것처럼 한껏 채워졌다가 이내 비워지며 시간이 지나가기를 기다릴 것이다. 나는 흐르는 시간의 바탕에 용서와 화해가 깔려 있다는 사실을 안다. 단단하게 굳어진 응어리도 물 흐르듯 유순하게 변화하는 순리를. 한때를 위한 기도문은 머리가 아닌 가슴에 묻는다.

| 작가노트 |

깊고 친절한

저는 지금, 가정식 백반집에 대해 생각하고 있습니다. 허름한 간판을 달고 새벽부터 준비한 십여 가지 반찬에 뜨거운 김이 나는 흰 쌀밥을 고봉으로 담아주는 백반집 말입니다. 적당히 등이 굽은 사장님이 투박하게 차려내는 밥상은 '다 아는 맛'입니다. 백반집의 묘미는 주변에서 구하는 신선한 재료와 대강 주무르는 오래된 손맛에 있습니다. 거창한 비법은 없지만 누군가의 그리움을 달래고 허기를 채워주는 맛입니다. 가정식 백반은 어머니나 이모 혹은 할머니가 떠오르는 넉넉한 맛이어야 합니다. 밥에 갖가지 나물을 듬뿍 넣어 비비고 고등어나 고추장불고기를 상추에 싸서 오물거리다가 짭짤한 된장찌개까지 한술 떠먹으면 저절로 시간을 거슬러 오를 수 있어야 합니다. 소박하고 저렴하지만 깊고 친절한 밥상이라 하겠습니다. 저도 언젠가 따뜻한 '가정식 수필집'을 차려야겠다고 마음먹습니다.

수상작

황진숙

소금

······

댓돌

마당

작가노트

요즘, 나는

황진숙
2016년 7월 『수필과비평』 등단.
한국문인협회 회원, 수필울 회원

황진숙
2016년 7월 『수필과비평』 등단.
한국문인협회 회원, 수필울 회원

소금

한 톨이라고 우습게 보지 마시라. 등금장수의 등에 업혀 대동여지도에도 없는 소금 길을 냈다. 사하라사막을 가로지르고 차마고도를 건너 처처를 누볐다. 산이라고 못 이룰까. 고부래로 밀고 당겨지며 첩첩이 산을 쌓았다.

태초부터 내려왔으니 먹지 않은 자가 없고 취하지 않은 자가 없다. 그러니까 시대를 내려온 가장 오래된 맛이다. 너른 바다를 응축한 한 알로 짠맛을 보시하며 무미건조한 세상에 간을 쳐왔다.

조미란 호락호락하지 않다. 미각을 주름잡기 위해선 어두컴컴한 구석에 내박치는 일쯤은 각오해야 한다. 주둥이가 묶인 자루 속에 갇혀 쓴맛이 빠질 때까지 지루한 시간을 견뎌낸다. 뙤약볕에 몸을 데우고 오가는 바람의 담금질로 맺힌 알갱이의 자긍심을 잊지 않기 위해, 똑똑 떨어지는 간수 소리를 경전 삼아 '나는 소금이다. 나는 소금이다.'를 외친다.

막막한 시간을 돌아 보송해졌건만 짜다는 세상의 천대는 숙명이다. 단맛에 밀리고 담백한 맛에 떠밀려 찬장의 구석진 곳에 유배될지도 모른다. 하나 지탄에 기죽지 않아야 진정한 맛으로 거듭날 수 있다. 몸값을 올리는 일은 스스로를 낮추는 일뿐이다. 양념이 아닌 허드렛일도 기꺼이 감수한다. 할복한 고등어와 삼치 뱃속에 뛰어들어 부패를 막고 비린내를 잡는다. 새우젓을 삭히기 위해 토굴 속에서 속절없이 세월을 보낸다. 갯벌의 구멍에 투하되어 맛조개를 유인하는 일도 마다치 않는다. 장롱이나 구석진 곳에 뿌려져 출몰하는 개미들을 살생한다. 뜨거운 프라이팬에 올라 기름기를 제거하기도 한다. 소듐이온 배터리로 전자 문명과 상생하기도 한다.

이도 저도 아닌 어깃장이 놓고 싶어질 땐, 짠 기로 승부수를 띄운다. 제아무리 억센 푸성귀인들 한 움큼의 소금 앞에서는 맥을 못 춘다. 배어든 간기로 물기를 잃고 축 늘어진다. 땅심을 믿고 뻗대던 성깔이 숨이 죽는다. 이때쯤 저들을 통째로 뒤집어 기세를 꺾어버린다. 완력 한번 쓰지 않고 막후에서 전세를 역전시킨다.

더러는 역경을 이겨내는 이들의 고난을 하얀 꽃으로 피운다. 이마에 목덜미에 등줄기에 몸 곳곳에 소금꽃을 피우며 근면 성실의 표상으로 불렸다. 응당 갖춰야 할 향기는 없지만, 단맛 신맛 쓴맛 등 어떤 맛도 피우지 못하는 꽃이니 자부심을 품어도 좋으리.

억척의 맛이라고 감칠맛을 모를까. 소금은 제각각의 맛이 깊이를 더하고 우러날 수 있도록 든든히 받쳐주는 들무새다. 쓴맛을 절제하고 단맛의 균형을 잡아 풍미를 보탠다. 제맛 하나 내기에도 바쁜 세상, 식자재에서 각각의 맛을 끌어내 버무려내는 조력자다. 맛의 궁합을 조율하는 수모로, 요리의 동지로 종횡무진 누빈다.

소금의 참맛은 찬밥을 물에 말아 소금장을 곁들여 먹을 때이다. 며칠간 야근으로 입맛이 천리만리 달아난 이즈음이었다. 몇 가지 찬을 눈앞에 두고도 젓가락은 소금 종지를 오갔다. 팍팍한 일상으로 방전된 피로감은 야들한 육질과 담백한 살점, 신선한 푸성귀를 거부했다. 수많은 맛으로 도배된 미각은 헛헛해진 속을 달랠 무언가를 찾고 있었다. 젓가락으로 집어 든 몇 알의 소금이 열기가 식어 언제고 퇴출당할 찬밥의 위기를 궁굴렸다. 찰기가 사라진 밥알에 따라붙은 간기로 찬밥은 씹어 삼킬 만했다. 소금의 짭짜름한 맛이 부대끼는 속내를 가라앉혔다. 끌탕으로 무기력해진 속에 흘러드는 짠맛이 지친 기운을 일깨웠다.

어찌 보면 소금에 끌리는 게 당연하다. 소금물에서 태어나 일생 몸안에 소금을 쟁여놓아야 하는 게 인간의 숙명이기 때문이다. 소금에 절인 오이지로 무서운 여름을 견뎠다는 소설가 김훈처럼 소금이 있어 우리네 생은 드라마틱하다. 생의 염천을 건너고 비린 시간을 가라앉히기 위해선 종종 소금을 쳐야 한다. 거친 세파의 소금기로 대책 없이 쪼그라들기도 하고 머금은 염기를 뱉어내기 위해 하염없이 물에 떠다니기도 하지만 절여지고 내뱉으며 삶의 농도를 맞추는 게 한살이일 터이다.

이제껏 소금에 기대온 시간을 생각한다. 맹탕 같은 국물에 뛰어든 반 스푼의 소금 덕분에 어수룩하게나마 부엌데기 노릇을 해왔다. 마음의 깊이가 얕아 수시로 요동치던 속내는 한 꼬집의 소금이 부려놓는 감칠맛에 잦아들곤 했다. 복병처럼 마주치는 쓴맛, 무작정 현혹시키는 단맛, 눈을 질끈 감게 만드는 신맛같이 들썩거리는 세상일을 잠재우는 데 소금만 한 게 있을까.

각지고 뭉툭한 소금을 바라본다. 무색무취로 존재를 드러내지 않으면서 비루한 세상에 간을 맞춰온 알알의 경전을 새긴다. 산그림자가 눕는 저물녘, 소금과 독대하며 얻은 귀한 말씀 몸안에 모신다. 녹아드는 맛을 천천히 음미한다.

댓돌

댓돌에 든다. 볕살이 데워 놓아서일까. 비루한 시간이 머무르는데도 따스하다. 데데한 등줄기를 쓸어주기는커녕 흙먼지를 걸친 신들의 발길로 어지러울 텐데 정갈하기만 하다.

올라서서 내다본다. 제법 높은 마루 밑에 자리 잡은 터라 고택의 풍채가 한눈에 들어온다. 마당 한 귀퉁이에서 허공을 향해 부풀어 오르는 매화 꽃망울, 허세 부릴 줄 모르는 아담한 굴뚝, 한길 너머에 자리 잡은 또 다른 고택까지 부려놓는 풍경이 고즈넉하다. 내로라하는 절경이 이리 질박할까. 밀림 속 문명이 닿지 못하는 고졸한 멋에 절로 숨을 고른다. 바닥만 있는 게 아니라고 가장 남루한 밑바닥이 묵언으로 전한다.

사랑채에 들어가기 위해 신발을 벗는다. 주인장이 카페로 개방한 탓에 수시로 길손이 드나들었을 터이다. 대대손손 가家의 발자국을 새긴 것도 모자라 이방인의 발걸음까지 떠받드는 댓돌의 사연이 우둘투둘하게 감지된다.

처마밑에 어둠이 고이면 곳곳을 누비던 신들이 모여든다. 숨가쁘게 달려온 시간 내려놓기 위해 달무리를 등대 삼아 댓돌에 정박한다. 지나는 바람의 추임새에 노곤함을 풀어헤치고 풀벌레 소리에 비곤함을 쓸어낸다. 돋아나는 별빛을 끌어다 덮고, 하루의 노역을 잠재운다.

뒤꿈치가 터져 간당거렸던 고무신은 저 댓돌 위에서 한숨 돌렸을 것이다. 하룻밤 묵기 위해 사랑채에 든 과객의 짚신은 한양으로 가는 천릿길을 세어보며 마음을 다잡았을 터이다. 고된 행상 길에 먼지를 뒤집어쓴 봇짐장수의 신은 짊어진 등짐의 무게를 잠시나마 내려놓았을 테다.

기어이 해지고 흐트러질지언정 댓돌에서만큼은 가지런해진다. 오르려고 기를 써도 미끄러지는 세상이다. 허구렁에 빠지고 돌부리에 걸려 고꾸라지기 일쑤다. 비천하고 용렬한 세상을 뒤집어엎고 싶은 분기로 숱하게 흔들리는 나날이다. 갈 수 없다고 절망 속에서 허우적거릴 때, 더는 올라갈 수 없어 주저앉을 때, 댓돌은 밟고 서라며 등을 내준다. 밑바닥에서 솟구치는 기운으로 까뒤집히는 속내를 가라앉히고 숨을 골라준다. 종일 험한 길 내딛느라 부르터서 힘겨워하는 발이 저를 딛고 마루에 올라설 수 있도록 고이 받친다. 거친 숨소리 잦아들어 편안한 휴식에 이르게 한다.

기둥을 받치는 위엄 서린 주춧돌도, 몸피에 새겨진 글귀로 눈길을 사로잡는 빗돌도 아니다. 장독대에서 아침마다 여인네의 치성을 받는 무명의 돌보다도 못한 처지다. 고관대작의 눈에 들지 못한 막돌에 불과했다. 눈이 오나 비가 오나 외딴섬처럼 홀로 박혀 발품 팔아온 이들의 무게를 감당하는 댓돌이 우직하다.

저를 밟으라니. 어느 신하가 저리 충직할까. 바람결에 딸려온 낙엽을 떨구고 슬어놓은 거미줄을 뗀 정갈한 매무새로 대청 아래 한사코 엎드린 댓돌. 편전에서 왕을 알현하며 발아래를 굽어살피라 읍소하는 걸까. 뒤축이 접힌 채 끈이 풀린 신을 신고 출정하려는 신출내기 왕을 바로 앉혀, 제대로 추스르라 상소를 올리는 건가. 수백 년을 조아리느라 닳고 닳은 댓돌에서 환영이 스쳐 간다.

험난한 세상 견딜 만한 것은 제 몸뚱이 온전히 바쳐 헌신하는 댓돌 같은 존재가 있기 때문이리라. 정화수를 담은 막사발처럼 무탈하기를 비손하는 마음이다. 디디고 오를 수 있다는 믿음을 주는 안식처다. 살얼음판 같은 바닥을 끌어온 신을, 더 낮은 바닥에서 든든히 받쳐주는 굳은 심지다. 온갖 무게를 끌어안은 댓돌 위로 세상 언저리를 돌고 온 항로를 펼쳐 놓는다.

삶은 늘 오르지 못할 누마루처럼 막막했다. 그간 밤낮을 껴안고 하루를 구르느라 쉴 틈 없이 육신을 부렸다. 남편이나 나나 궁핍이 곳간을 채우는 집안의 맏이다. 포화상태인 경제난을 풀 해법을 찾아 내달렸다. 연로한 부모님과 공부가 한창인 아이들의 뒷바라지가 남았는데 갱년기에 접어든 몸이 점멸등을 켜며 가로막는다. 형편상 줄달음쳐도 모자랄 상황이건만 자꾸 까부라진다. 마음과 달리 갈지자를 그리는 몸으로 맥없이 수렁으로 빠져드는 중이었다.

얼마 전엔 아버지한테서 전화가 왔다. 다가오는 윤달에 이 산 저산 흩어진 묘를 이장해야겠다며 말끝을 흐렸다. 오빠의 죽음 이후 부모님은 빈 동굴처럼 허허로워했다. 하루 좋아지면 사흘 위중하고 이틀 잠잠하면 나흘 죽음의 문턱에서 헤매던 자식을 홀로 떠나보냈으니 죄 많은 팔자라고 가슴을 쳤다. 낫질이 서투를 때부터 벌초에 따라나선 오빠였다. 그 빈자리가 휑했다. 어느 해는 멧돼지가 내려와 죄다 무덤을 파헤쳐 놨다. 다시 잔디를 입히느라 아버지가 여러 날 애를 먹었다. 날로 쇠해지는 아버지의 기력으로는 묘소를 관리하는 일이 무리다 싶었다. 윗대의 유택을 봉안당으로 옮기기로 하고 적당한 이장 업체를 물색했다. 엄두가 나지 않아 일을 맡기고도 걱정으로 밤새 뒤척였다.

어스름이 걷히자, 제를 지내는 것으로 파묘가 시작됐다. 할아버지의 유골을 수습한 후 증조할머니의 무덤으로 향하던 중 앞서가던 아버지가 멈칫했다. 당신 기억으로는 여기 어디쯤인데 묘가 없다면서 두리번거렸다. 수년간 지형 변화로 산세가 바뀌어 쉬이 눈에 띄지 않았다. 근처 큰 바윗돌 밑에 있을 거라는 아버지 말에 수풀을 헤치며 오르내렸다.

제 영역이라도 되는 양 무성하게 바리케이드를 친 나뭇가지들이 할퀴어댔다. 낯선 이의 침입을 저지하려는 듯 얽히고설킨 넝쿨은 발목을 움켜쥐며 놔주지 않았다. 행짜 부리는 것들이 시야를 가려 몇 번을 미끄러졌다. 헛디뎌서 삐끗한 발로 질질 끌다시피 한 몸이 식은땀으로 범벅이 되고서야 겨우 증조모의 산소를 찾았다. 봉분인지 아닌지도 모를 만큼 낮아진 데다 잡목이 우거져 형체를 알아볼 수 없었다. 어둑살이 내려앉을 무렵, 유해를 봉안당에 모시고 간신히 일을 마무리하였다. 아버지는 그제야 조상님 얼굴을 뵐 낯이 선다며 한숨을 놓았다. 그러구러 집으로 돌아온 나는 긴장이 풀려 몇 날 며칠을 앓아누웠다. 종종거리는 몸짓에 익숙해진 잰걸음이 버거워 널브러졌다.

차이고 밟히느라 깎이는 줄 모르고 끝없이 낮아지는 댓돌을 바라본다. 제 한 몸 사르며 고택을 지탱해 온 들무새가 마음 겹다. 세월 따라 뒷전으로 물러나 앉는 호사를 마다하고 여전히 걸음걸음 올려주는 마음이 지극하다. 잠시 잠깐 일상의 궤도를 벗어나려던 상념이 제자리로 돌아온다. 어수선했던 자리에 여유 한 채 들앉힌다.

저만치서 인기척이 난다. 고달픈 여정에 방점을 찍으러 오는 이는 나뿐만이 아니다. 어디서 날아들었는지 검불이 댓돌 위에 앉아 있다. 가만히 손으로 쓸어낸다.

마당

한길을 따라 옛집에 들어선다. 골골이 삭아 내려앉은 슬레이트 지붕이 보인다. 모로 기운 벽면은 둘러친 이끼로 거뭇하다. 쇠락하는 육신에 핀 검버섯처럼 삭막하기 짝이 없다.

누대에 걸쳐 둥지를 튼 곳이건만, 스러지는 것은 잠깐이다. 소멸할 때까지 이울어가는 육신을 지탱해야 하는 건 존재하는 것들의 숙명이다. 한때는 포부도 당당하게 볏짚으로 용마름을 올렸던 흙담이 세월의 무게에 눌려 배불뚝이가 되었다. 왕년의 수문장은 드나드는 세상 잡사에 기력이 다했나 보다. 불어오는 바람에 삐거덕거리는 소리가 요란한데도, 퇴화한 청력으로 알아듣지 못한다.

덜컹거리는 대문을 열고 마당에 선다. 온갖 풍파와 흔적을 다져놓은 마당이 부스스하다. 살 비비며 부대끼던 기억은 잡풀에 점령당한 채 군데군데 파인 구덩이에 빗물을 담고 있다. 한 번도 바깥을 꿈꾼 적 없지만 해마다 실금을 그어대는 누옥을 수발하느라 지쳤을 테다. 적막을 파종하느라 제 그림자만 움켜잡고 견뎌냈을 시간이 허우룩하다.

마당 여기저기를 어정거린다. 조모의 저승길에 따라가지 못한 옹기 시루와 돌절구가 장독대에 엎어져 있다. 찾는 이가 없어 무위의 날에 들은 지 오래다. 살아생전 옹기 시루에 떡을 하고 돌절구에 고추며 깨를 빻던 할머니의 환영이 되살아난다. 예서 태어나고 자라 가문을 일군 할아버지가 들일을 마치고 삽짝에 들어선다. 외양간에 소를 몰아넣고 우물가에서 두레박으로 물을 퍼 올려 등목으로 더위를 식힌다. 쿵쿵 방아 찧는 절구 소리, 어푸거리는 물소리, 송아지를 찾는 어미소의 울음소리로 마당이 흥성거린다. 캔버스에 그려진 풍경화처럼 마당 곳곳에서 이야기가 흘러나온다. 조부모의 모습은 어디에서도 찾아볼 수 없지만, 마당에 그어진 내력으로 몽상에 잠긴다.

마당은 유년의 내게 놀이동무였다. 일 나간 어머니가 돌아올 때까지 이리저리 뒤척이며 장단 맞춰주느라 한가로운 적이 없었다. 윗집 아랫집이 모여 일가를 이룬 종갓집이다 보니 아침저녁에는 드나드는 식솔들의 발걸음으로 마당이 북적거렸다. 그나마 모두가 집을 비운 한낮에 오수에 들라치면, 담을 타고 내려오는 길냥이나 바지랑대에 앉는 제비를 보고 누렁이가 짖어대는 바람에 눈을 치켜떠야 했다. 잠시 후 조용하다 싶은 찰나, 이번에는 소녀가 안방에서 마당으로 내려선다. 떼쟁이 막냇동생을 알러 간신히 낮잠을 재운 후 심심한 터에 밖으로 나온다. 공깃돌을 주워 공기놀이하다가 코스모스 꽃잎에 앉은 잠자리를 잡아 실로 묶어 장독대로 뒤란으로 동동거리며 날려본다. 그마저 싫증이 나면 수챗구멍의 물을 따라간다. 흙 마당을 기어가는 개미의 움직임도 좇는다. 신발을 벗고 보송한 흙을 자분거리기엔 텃밭이 제격이었다. 툭하면 말다툼을 벌이고 삐치는 동무들은 시시했다. 빗살무늬로 단정히 몸치레하고 무엇을 하든 늘 윤기 나는 낯으로 맞아주는 마당이 푸근했다.

마당은 정박지 같은 곳이다. 노역을 마친 농기구가 귀환해서 아무데나 널브러져 단잠을 잔 후 다음날이면 툭툭 털고, 들로 나서는 주인장을 따라나선다. 추수 끝난 짚단을 쌓을 수 있도록 모퉁이를 비워두거나 무가 땅속에서 겨울을 날 수 있도록 가장자리에 구덩이를 내어준다. 이곳저곳을 떠돌던 방물장수와 장돌뱅이가 마당가의 우물에서 갈증난 목을 축이고 생기를 얻어 되돌아나가는 곳이다. 찌든 삶에 얼룩진 옷가지를 말려 새뜻하게 하루를 시작할 수 있게 빨랫줄을 매어두는 곳도 마당이다.

밥때가 되면 연기를 피워 올리는 굴뚝이나 때가 되면 새 볏짚으로 용마름을 얹어 존재감을 과시하는 흙담과 달리 마당은 드러낼 줄 모른다. 비가 오면 오는 대로 질척거리고 눈이 내리면 내리는 대로 얼어붙는 게 고작이다. 몇 날 며칠 휘몰아친 폭풍우에 파이고 휩쓸려도 우묵한 속내로 묵묵부답이다. 오랜 시간 무수한 발걸음에 다져지고 나서야 편평하게 제 몸을 추스를 뿐이다.

언제나 데데하기만 한 마당에 파문이 이는 날도 있었다. 아버지가 동네에서 주먹다짐을 벌이다, 멱살잡이 당한 일로 분이 풀리지 않은 날에는 살림살이가 마당으로 날아들었다. 접시라도 깨지면 남은 조각이 땅에 박히기 마련이다. 사금파리가 신발에 밟히면 이런 게 왜 마당에 있냐며 애꿎은 타박을 들어야 했다. 그럴 땐 마당의 낯빛이 잿빛으로 변하며 먼지를 피워올렸다.

곰삭은 세월이 내려앉을 때까지 제 터 위에 몸을 부린 이들을 그러안은 마당. 숱한 인연으로 마당에 다녀간 흔적들이 켜를 이룬다. 억겁의 시간 속에는 밑동이 베어진 감나무의 일대기가 달구지를 끌러 만주에 다녀온 할아버지의 생애가, 재를 넘어 옹기 시루를 이고 시집온 할머니의 궤적이 동심원을 그린다. 아궁이에 불을 지피려고 장작을 패던 아버지의 손길이, 종갓집의 종부로 종종거리던 어머니의 발걸음이, 어우렁더우렁 피붙이들과 평상에 누워 밤하늘의 별을 세던 유년의 기억이 자리를 지키고 있다.

이제는 마당을 중심으로 행성을 돌던 이들이 하나둘 떠나버렸다. 무성한 잡초에 휘둘리는 마당의 낯빛이 수척하기만 하다. 언젠가 떠받들 누옥마저 사라지면 그제야 마당은 제 할 일을 마치고 깊은 잠이 들 것이다.

한길에서 한낮의 적막을 깨는 스쿠터 소리가 들려온다. 뒤이어 트럭이 덜컹거리며 달걀이 왔다고 확성기를 튼 채 지나간다. 바깥세상과 거꾸로 흐르는 마당의 시간이 애잔하기만 하다. 허우룩한 마당의 풍경을 담고 대문을 나선다.

| 작가노트 |

요즘, 나는

얼룩진 하루를 기억 속에서 지우고 싶은 날이 있다. 세상의 끝에서 건너오는 슬픔을 이기고 싶은 날이 있다. 몸에 고인 통증을 아낌없이 써버리고 싶은 날이 있다. 남아 있는 무언가를 지키고 싶은 날이 있다. 할 수만 있다면 생의 첫 문장을 다시 쓰고 싶은 날이 있다.

감성이 말라버린 이즈음 숨구멍을 찾는다. 검색어를 입력하고 클릭한다. 이어폰을 타고 흘러들어오는 중저음의 목소리에 젖어 든다. 비속어가 나오지만 유쾌하다. 과장된 몸짓으로 풀어놓는 희로애락에 눈물이 난다. 관객과 주고받는 질문과 답에 정이 담긴다. 집을 나서는 동틀녘, 집으로 돌아오는 저물녘에 어김없이 그를 만난다. 몸을 잃은 영혼이 되고 싶지 않아서, 길을 잃고 싶지 않아서 오랫동안 그의 목소리를 들으리라.

수상작

려원

겨울나무처럼 끝에서 다시 시작한다

새

뿌리, 울음소리를 듣다

작가노트

바닥에 대한 헌사

려원

한국문인협회, 동서문학회, 예술시대작가회 회원. 아르코 문학나눔 도서 선정. 삶의향기동서문학상 금상. 경북일보문학대전 은상. 김포문학상 우수상. 한민족이산문학상 우수상, 원종린수필문학상 작품상 등 다수. 아르코 문학창작기금(2020년, 2023년 수혜). The 빛나는 수필 60인 수록작가(2023년, 2024년 선정). 수필집: 『사람학 개론을 읽는 시간』(수필과비평사 2022)이 있다.

겨울나무처럼 끝에서 다시 시작한다

어둠의 농도가 짙어지는 시간과 어둠이 희석되는 시간은 서로 닮아있다. 하루의 끝과 시작처럼 한 해의 끝과 시작도 닮아있다. 새로운 해는 이미 지난해의 겨울에서부터 시작된다. 가을을 벗고 겨울로 갈아입는 나무와 겨울을 벗고 봄을 입는 나무 사이에는 겨울이라는 절제의 시간이 들어있다. 꽃이 되고 잎이 될 뜨거운 것들이 웅크린 겨울나무의 가지 끝에서 '시작'이 잉태되고 나무는 깊은 밤 저 혼자 설렘으로 달뜬다. 침묵이란 소리 내어 말하지 않음이 아니라 귀 기울여 듣는 것이라 한다. 나무의 소리를 듣기 위해 침묵한다. 탄식 같기도 하고 희열 같기도 하고 고요한 숨고르기와도 같은 소리가 내 안에 스며온다.

가스통 바슐라르는 『촛불의 미학』에서 "하나의 나무는 나무 이상의 것, 하나의 사람은 사람 이상의 것이다."고 이야기했다. 은폐와 과장, 현란한 수식어가 사라진 겨울나무는 나무 이상의 것을 품고 있다. 나무를 스쳐 간 바람의 체온과 가지에 내려앉은 새가 만들어낸 황홀한 떨림, 밤새 퍼붓던 눈보라의 고독, 어둠을 모아 밑줄을 긋던 흔적들, 나무 안의 타오르는 불꽃, 뿌리의 투명한 눈빛, 그 모든 날것의 기억이 겨울나무에 들어있다.

화가 박수근의 작품에 등장하는 나무들을 생각한다. 온몸에 초록 갑옷을 두른 나무가 아닌 비움의 나무들, 벌거벗은 나무의 수형에서 견딜 수 없을 만큼 뜨거운 결기가 느껴진다. 단순한 무채색의 세계, 배경을 과감히 생략하고 나무의 질감을 살리는 데 중점을 둔 그의 작품들에는 아이 업은 여인, 머리에 바구니를 인 행상, 들녘이나 빨래터에서 일하는 아낙네들이 자주 등장한다. 「나무와 두 여인」에는 머리에 바구니를 이고 있는 여인과 아이를 등에 업은 여인이 시간을 초월한 존재자 같은 커다란 나목을 사이에 두고 서 있다. 나무 곁에 서 있는 여인들은 사람 이상의 것을 품고 있는 것처럼 보인다.

그는 왜 나무 곁에 여인들을 주로 그렸을까? 잉태성에 중점을 두면 여인과 나무는 잉태하는 존재라는 점에서 같다. 나무는 꽃과 잎과 열매와 새의 노래와 바람의 춤을 잉태하고 나무 곁의 여인은 잉태의 결과물인 아기를 등에 업고 있다. 여인도 몸의 일부를 아기에게 내어준 한 그루 나무가 되어있다. 나무가 된 여인들은 나무 곁에서 나무에 의지하여 고단한 생을 견뎌내는 것처럼 보인다.

나무는 뿌리내린 곳을 떠나지 못한다. 터를 삼은 그 자리에서 성장하고 그 자리에서 소멸한다. 잉태한 모든 것들을 떠나보내고도 나무는 늘 다시 그곳에서 시작한다. 메마른 가지 끝에서도 시작하고, 깊은 땅속 뿌리 끝에서도 시작한다. 허공과 심연을 향한 모든 시작의 몸짓이 나무의 끝에 있다. 대지에 터를 잡고 있는 현재의 나무는 어디선가 오고 있을 미래를 향해 가지 끝을 내밀고 아직 끝나지 않은 과거를 더듬기 위해 뿌리를 내린다.

한겨울의 나무는 가지와 가지들이 만들어놓은 허공에 수많은 수식어를 잉태하고 가지 끝에서는 어디선가 오고 있을 초봄의 수식어들이 제멋대로 발기하고 있을 것이다. 겨울의 한복판에서 나무는 그렇게 뜨거운 봄을 수없이 만들어 내고 있다. '나무'라는 말을 소리 내보면 입안으로 굵은 가지의 질감이 느껴지고 나이테의 파동이 번져온다. 초봄에 태어날 연둣빛 잎사귀의 쌉쌀한 맛이 전해오고 연약한 꽃잎의 보드라움이 씹히고 뿌리의 축축하고 거친 흙 맛이 느껴진다.

여인의 몸 또한 늘 새롭게 시작한다. 주기적으로 자궁벽이 비후되면서 생명을 품기 적합한 조건을 갖춘다. 잉태 가능성이 없는 벽은 붉은 울음을 토하고 또다시 모든 것을 시작한다. 잠시도 멈추지 않고 무언가가 끝없이 몸안에서 만들어지고 있다는 점이 마음에 든다. 시작이 몸에 각인된 여자와 시작을 만드는 나무는 서로 닮아있다. 나무와 여인에게 겨울은 기다림의 시간이고 견디는 시간일 것이다. 혹독한 겨울을 지난 뒤에 맞이하는 봄은 더 찬연하고 인생의 겨울을 보낸 이에게 다가오는 봄은 더 따뜻할 것이다.

지난겨울, 바로 이 나무 아래에서 메마른 가지를 더듬어 먹이를 구하던 한 마리 새를 보았다. 듬성듬성한 깃털과 충혈된 눈, 오염물이 묻은 날개와 앙상한 몸, 한눈에도 지치고 병들어 보이는 새는 빨갛고 앙상한 두 다리로 힘겹게 가지를 붙잡고 앉아있었다. 접힌 날개는 감당하기 어려운 짐처럼 보였다. 굶주리고 병든 새가 마른 가지를 온 힘을 다해 움켜쥐어도 나무는 먹을 수 있는 열매도, 눈보라를 피할 잎사귀도, 위로가 되어줄 꽃잎도 내어줄 수 없다. 밤새 그치지 않는 눈보라 속에 나는 새의 영혼이 고통 없이 하늘로 올라가기를 기도했었다. 그 새를 위해 기도하는 일이 미사에 가는 일보다 더 거룩하게 여겨지던 밤이었다.

새해 아침, 지치고 병든 새가 앉아있었던 나무를 바라본다. 겨울 하늘을 캔버스 삼아 박수근의 「나목」이 그려져 있다. 가지마다 내가 알지 못하는 지난한 시간의 흔적들이 켜켜이 내려앉았으리라. 새는 보이지 않고 새가 힘겹게 움켜쥔 흔적만이 나무에 생채기로 남아 지난한 시간을 증언하고 있다. 어디선가 한 무리의 새떼가 힘차게 날아오른다. 날렵한 비상에 가지들이 몸을 일제히 흔들며 환호한다.

새해, 새날 하나의 연속선상에 있는 어제와 오늘 그리고 내

일, 달라진 것들 사이 여전히 달라지지 않은 것들도 있다. 지난해의 나와 올해의 나, 나는 달라진 '나'이면서 달라지지 않은 '나'이기도 하다. 한 해의 시작에서 나는 지난해의 몸을 벗고 새 몸을 입는다. 머리부터 발끝까지 지난해의 '나'였던 것들을 털어내고 새로운 '나'로 거듭난다. 내 안에 들어있는 '나 이상의 것'을 찾아내기 위해 겨울나무처럼 끝없이 다시 시작한다.

현재의 춤을 추는 것과 동시에 나무처럼 어디선가 오고 있을 미래를 향해 전진해야 하고 아래를 더듬어 내려가 삶의 근원을 기억해야 한다. 올해의 바람이 있다면 같은 일을 하더라도 처음처럼 하는 것이다. 처음으로 글을 쓰는 사람처럼, 처음으로 운전을 하는 사람처럼, 처음으로 공부하는 학생처럼, 그 수많은 처음을 끊임없이 반복하다 보면 한 해가 아름다운 '처음'의 열매들로 가득 차게 될 것이다.

멀리 보이는 산그림자에는 아직 잉크 빛 어둠이 스며있다. 산은 조금씩 제 모습을 드러낼 것이고 아파트의 전등불이 돌림노래하듯 차례대로 켜질 것이다. 사람들은 나른한 기지개를 켜며 일어나 저마다의 '처음'들을 만들어 갈 것이다. 다시 나무를 바라본다. 나무에 눈부신 '처음'이 내려앉는다.

새

진초록 몸통에 오렌지색 부리를 지닌 새의 하루는 단조롭다. 나른한 햇살 아래 털 고르기가 한창이다. 모이를 먹기 위해 횃대 위를 쉼 없이 오르내리는 새에게 하루란 어떤 의미일까? 해가 비치는 거실, 새가 움직일 때마다 바닥에 한 편의 수묵화가 그려진다. 덧없는 날갯짓이 그린 그림이다.

새는 아무도 가르쳐 주지 않는 본능, 날개에 각인된 본능을 안다. 날아야 한다는 것을, 어떤 상황에서도 나는 것을 멈추지 말아야 한다는 사실을 안다. 하지만 가두어진 새는 새장 크기를 가늠하는 데 번번이 실패한다. 날개를 파닥거리다가 다시 접고 종종걸음 치는 새는 어느 순간 규격화된 새장 안에서 규격화된 정보를 습득하게 될 것이다. 어린 새는 아무리 날개를 파닥거려도 창문 밖으로 날아갈 수 없다는 사실을 벌써 받아들인 것일까.

새는 가끔 무언가를 응시하고 특이한 소리를 내기도 한다. 깍깍깍깍, 끼익끼익끼끽. 새의 노랫소리와는 어울리지 않는 소리들이다. 자유를 강탈당한 새가 새장 안에서의 무료함을 잊기 위해 뱉어내는 무의미한 발화인지도 모른다. 표정과 부리의 움직임, 날갯짓, 눈동자를 통해서 어렴풋이 새의 호소를 짐작할 뿐이다. 인간의 언어와 새의 언어 사이 간극을 메울 수 있는 것은 오직 마음뿐이다.

유년의 기억 속, 목련꽃이 피어있던 주택가 도로 한복판에 어디선가 날아와 수직으로 하강하던 것을 떠올린다. 새의 추락이었다. 작고 보드라운 가슴은 여전히 온기가 느껴졌지만 눈은 이미 감겨있고 날개는 접혀 있었다. 새 한 마리가 거쳐 온 생이 마침표로 찍힌 검고 차가운 아스팔트 위로 초봄의 여린 햇살이 무심히 내리쬐고 있었다. 새를 가슴에 품고 돌아오면서 생명이 빠져나간 육신의 집이 터무니없이 가볍다는 생각을 했었다.

경계 없이 하늘을 넘나드는 새들을 보고 우리는 자유롭다고 생각한다. 하지만 새들에게 날개는 자유의 상징이 아니라 천형일지도 모른다. 우리의 두 다리가 그러한 것처럼, 물고기의 지느러미가 그러한 것처럼 태생적으로 부여받은 것들이 삶을 한정 짓고 저마다 그 안에서 살아가야 한다. 새들은 살기 위해서, 추락하지 않기 위해서 평생 날갯짓을 하다가 추락하는 순간 자기 안의 것들을 모두 쏟아내며 세상 어디든 자신의 무덤을 짓는다.

여전히 어둠이 걷히지 않은 시간 새 우리를 청소하고 물을 갈아주고 모이통에 먹이를 가득 채워준다. 고개를 깃털 속에 파묻고 있던 새가 고요한 시선으로 바라본다. 서로의 눈이 마주친다. 철제 우리를 사이에 두고 새의 눈동자에 비친 내 모습은 어떤 모습일까. 새의 눈에는 철창 밖의 내가 가두어진 것처럼 보일 것이다.

더 큰 새장에 갇힌 여자, 갇힘과 체념을 공통분모로 지닌 내가 새의 모이와 물을 챙기는 것은 새를 위해서라기보다는 어쩌면 스스로를 위함이다. 앵무새 모이를 주며 내 가슴 안의 새에게도 모이를 준다. 금세 지저분해지는 새장을 청소하는 일은 가슴속 더러움을 청소하는 일, 새로 떠온 물이 정화수처럼 여겨지는 것은 마음의 간절함 때문이다. 새장 안의 새가 내게 모이를 주고, 깨끗한 물을 주고 청결한 공간을 제공하며 도리어 나를 돌보는 것처럼 보인다. 새장 안에 갇힌 새는 새장 밖에 갇힌 나를 연민 어린 눈빛으로 주시한다.

세상은 넓이와 깊이를 알 수 없는 거대한 새장이고 사람들은 어쩌면 사육당하는 새들인지도 모른다. 세상에 길들여지는 대가는 지속적으로 공급되는 모이와 물, 그리고 위험으로부터의 안전이다. 삶의 안정을 깨트리지 않기 위해 욕구를 접는 일, 스멀거리며 올라오는 자기다운 것들을 수면 아래로 내려놓는 일을 어른이 되면서부터 지금껏 너무도 자연스럽게 해오고 있다. 세상의 울타리는 새장의 철제 울타리보다 견고하고 튼튼하다. 풍부한 모이와 물에 안주해버린 사람들은 자기 이름을 부르며 날 수 있었던 오래전 언젠가의 기억을 망각해버렸을 것이다.

올려다본 하늘이 지나치게 파랗다는 생각이 들 때, 새들이 벌거벗은 나무 사이로 옮겨 다니며 허공을 가를 때, 날렵함이 주는 진동이 가슴을 뒤흔들고는 어디론가 순식간에 흩어져 버릴 때, 허공에 남겨진 덧없는 궤적을 쫓고 싶을 때 문득 날고 싶다는 생각을 한다. 겨드랑이를 더듬어 본다. 내게도 날개가 있었던가? 의무와 권리 사이에서 누군가를 위해 쓸모있는 역할을 해오느라 날 수 있다는 사실을 잊어버렸다. 세상이라는 거대한 새장 안에서 오랜만에 자기 이름을 부르며 날개를 퍼득이지만 날개는 박제된 것처럼 무겁기만 하다.

나를 부르는 수많은 명칭들이 뒤섞이고 어느 순간 내 안의 새는 목소리를 잃어버렸다. 허기를 느끼는 것은 가슴 안의 새가 무언가에 주리기 때문이고, 아픔을 느끼는 것은 가슴 안의 새가 아프기 때문이고 어딘가를 공허하게 배회하는 것은 비좁은 가슴속에서 길 잃은 새가 배회하고 있기 때문일 것이다. 세상에 길들여진 한 마리 새로 살아오면서 날고 싶다는 욕망을 접은 지 꽤 오래다.

새는 날마다 날기의 본능을 망각하지 않으려고 날갯짓을 하고 목소리를 잃지 않으려고 노래를 부르지만 내 안의 새는 아직 가슴 밖으로 뛰쳐나가지 못한다. 그래도 어느 순간 견딜 수 없을 정도로 가슴이 뜨거워지면 빗장 같은 갈비뼈를 뚫고 힘차게 허공을 가를 것이다. 나뭇가지들이 만들어낸 하늘 조각 사이로 수많은 사람들의 가슴을 뚫고 날아오른 새들이 힘차게 날고 있다. 제 이름을 부르며 우아하게 하늘을 나는 새들은 일시에 그리고 제각각 울어대며 새파란 하늘 위로 가슴 안의 기억들을 쏟아낼 것이다. 새장 안의 새가 털 고르기를 끝냈다. 날개를 조금씩 퍼덕인다. 새 안의 새가 비상을 꿈꾸고 있는 것이리라. 가만히 새장 문을 열어주었다. 내 가슴 안의 새도 울기 시작했다.

뿌리, 울음소리를 듣다

깊은 밤, 가녀린 새하얀 것들이 축축한 어둠을 뭉쳐 길을 내는 소리가 들린다. 흐느낌일까, 희열에 찬 울음일까, 막막함일까, 두려움일까. 길이 보이지 않을 땐 스스로 길이 되라는 말은 야만적이다. 지상의 모든 식물들이 마침표를 찍을 때까지 흙 속의 길은 결국 뿌리의 눈물이 만들어 낸 길이다.

식물들의 마침표는 씨앗이다. 씨앗에는 뿌리, 줄기, 잎, 열매가 될 가능성과 언젠가는 다시 씨앗으로 돌아가야 하는 숙명이 들어있다. 씨앗의 어미인 바질은 마르고 여윈 몸으로 화분 안에 수많은 문장을 썼다 지웠다. 원산지인 이란과 인도의 하늘이, 땅의 숨결이, 하늘과 땅을 잇는 바람의 길이 담겨있는 검은 바질 씨앗에는 생의 다음 문장을 시작하라는 명령이면서 유언이 담겨있다.

바람결에 가을이 스며오고 있음을 식물은 몸으로 먼저 안다. 초록 잎과 탄력 있는 줄기, 화사한 꽃과 잘 여문 열매들은 이제 여름의 기억으로만 남았다. 더이상 초록을 감당할 수 없는 바질은 저 혼자 말라 가고 노랗게 퇴색된 바질 잎사귀들 사이에 늙은 거미는 치밀하고 촘촘하게 조등弔燈을 달았다. 생명의 온기가 사라진 바질의 집, 마른 잎들의 덧없는 춤이 접근 금지 경고처럼 보인다.

화석이 된 바질은 화분 켜켜이 생의 기록을 새겨놓았다. 화분을 두드려도 보고 호미로 흙들을 잘게 부수어도 바질의 문장들은 쉽게 모습을 드러내지 않는다. 두드림과 기다림의 시간을 지나 웅크린 것들과의 사투 끝에 마침내 빵을 찍어낸 틀처럼, 동그란 화분 모양을 고스란히 재연한 촘촘한 뿌리들이 햇살 아래 드러났다. 땅 위로 드러난 몸에는 동그란 몸짓, 동그란 눈물, 이제는 더이상 어딘가를 향해 뾰족한 촉을 내밀지 않아도 된다는 안도감 같은 것들이 들어있었다.

흙 속에 생명의 길을 내었던 뿌리들은 서로 뒤엉킨 채로 푸석한 바질의 몸을 움켜쥐고 있었다. 뿌리마다 바질의 낡고 지친 몸을 지키려는 부릅뜬 눈이 있는 것 같았다. 무한 유혹으로 다가오는 허공을 향해 자꾸만 줄기가 손을 뻗어 나갈 때 뿌리는 흙 한 줌, 물 한 방울을 위해 온몸을 납작 엎드려 중력을 더듬는다. 냄새와 질감으로 존재하는 어둠은 손에 잡히지 않는다. 더이상 뻗어나갈 수 없는 막다른 곳에 이르면 내벽을 칭칭 감고 돌다 뿌리가 흘린 눈물은 고요한 흐느낌이면서 어둠을 가르는 포효였으리라. 깊고 웅숭한 흙빛 울음소리가 밤새 돌림노래처럼 잔 뿌리털로 퍼져나갔을 것이다.

빈 화분의 동공이 보인다. 어떤 몸부림도 달뜬 희열도 사라진 자리, 한때 터를 삼았던 생명이 떠나고 남은 것은 공허한 흔적뿐이다. 사전적 의미로 화초를 심고 가꾸는 그릇인 화분花盆의 용도는 결국 화분花墳으로 마감된다. 꽃들의 무덤, 화분花墳, 그 무덤 한구석에 어미들은 생명을 남겨두고 떠났다. 생명의 시작이란 어미의 죽음에서 비롯되는 것이리라. 뿌리는 긴 머리를 풀어 헤치고 만가를 부른다. 공간도 때론 시간처럼 흘러간다. 삶의 화분花盆에서 내 안의 뿌리들도 보이지 않는 길을 더듬어 내려가고 뿌리 내린 화분이 내가 아는 세상의 전부가 되어있다. 자발적 선택이었을지, 운명이었을지, 그저 우연이었을지 여전히 답을 찾는 중이다.

무엇이든 담을 수 있고, 무엇이든 피워 낼 수 있는 가능성의 둥지 화분花盆 안으로 결핍과 충만, 슬픔과 기쁨, 절망과 희열이 수시로 얼굴을 바꾸며 걸어 들어왔다. 나로 살고 싶었던 아침이 있었고, 환희와 절망의 정오가 있었고 짐승처럼 울부짖던 밤이 있었다. 새로운 나를 찾기 위해 화분 밖으로 달아나려는 일은 결국 익숙한 나를 버리는 일이기도 했다. 꼬리를 자르고 달아나는 도마뱀처럼 견고하고 치밀한 뿌리의 결박에서 벗어나고 싶을 때가 있었다.

어디론가 끝없이 도망치려는 사람들과 어딘가에서 끝없이 돌아오려는 사람들, 회귀와 도주의 변주 같은 삶에서 어쩔 수

없이 입양되어 타국에서 살아가는 이들에게 뿌리란 숙명 같은 것이다. 강물을 거슬러 모천으로 회귀하는 연어처럼 몸에 각인된 피의 언어, 뿌리의 이름을 찾아 돌아오는 사람들이 있다. 그 사회에 적합한 문화적 조건을 갖추었음에도 불구하고 그곳에 뿌리내릴 수 없었고 태생적 얼굴과 피부색을 지니고 있지만 모국의 흙에서조차 뿌리 내리지 못한다. 어디서든 흙 안으로 온전히 스며들지 못하기에 생각과 감정이 사는 몸, 소멸하지 않은 몸의 뿌리를 제대로 세워보고 싶은 소망을 지닌다. 그런 간절함이 모태 화분으로 회귀하는 동력이다.

내가 아닌 것들, 나답지 않은 것들을 쫓느라 상처투성이가 된 채 화분에 기대 있는 나를 뿌리는 다시 일으켜 세운다. 화분을 위태롭게 하는 세상의 모든 흔들림으로부터 뿌리는 자기 몸을 포박하면서 스스로 중심을 잡는 방법을 체득해 왔으리라. 화분花盆이 화분花墳이 되는 날까지 꽃과 열매와 잎의 찬란함을 잊지 않기 위해 뿌리는 날마다 문장을 새로 쓰고, 울음이 만들어낸 시간이 켜켜이 화분 안에 쌓여간다.

인도와 이란의 어느 들판에서 자라던 야생 바질들이 머나먼 타국의 좁은 화분에서 치열하게 살다 갔다. 흙을 탓하지 않고, 바람의 빛깔과 햇살의 강도를 탓하지 않고 오직 '가능성'이란 단어 하나만으로 잎과 열매와 씨앗을 남기고 떠나온 곳으로 돌아갔다. 한때는 씨앗이었고, 싹이었고, 잎이었고 줄기였으며, 뿌리였다가 다시 씨앗이 된 바질의 기억이 비어있는 화분 어딘가에 여전히 남아있으리라. 연둣빛 어린잎과 화사하게 핀

하얀 꽃, 송골송골 맺힌 열매는 뿌리의 울음이 만들어 낸 환희이며 뿌리의 다른 표정들이며 다른 이름들인지도 모른다. 바질의 지난한 생을 완벽하게 재현한 뿌리가 햇살 아래 서서, 보이지 않는 곳에서의 시간과 기억과 목소리들을 증언한다.

생을 담아두는 저마다의 화분花盆이 화분花墳이 되는 날, 늙은 거미가 은빛 실로 조등을 조롱조롱 달아 애도해 줄 그 밤, 눈물을 뭉쳐 생의 동그라미를 수없이 만들어내던 뿌리는 동그랗게 웅크린 시간 속으로 느릿느릿 걸어 들어갈 것이다. 뿌리를 위한 뿌리의 울음소리를 듣게 되리라.

| 작가노트 |

바닥에 대한 헌사

지금 나는 글의 심장에 불을 켜고 있습니다. 심장의 불이 활활 타올라 검불과 재로 남을 때까지 어디선가 오고 있을 무언가를 생각합니다. 동굴 벽에 붉은 들소를 그리던 구석기인의 간절함으로 모니터 가득 검은 활자들을 새겨 넣고 있습니다. 활자들이 비로소 꿈틀거리는 몸을 얻습니다. 에드몽 자베스는 『질문의 책』에서 "쓴다는 것은 기원에 대한 정열을 갖는 일이며 글쓰기는 바닥에 도달하고자 하는 시도"라고 하였습니다. 쓰는 일은 끊임없이 무언가를 그리고 자신을 넘어서는 일입니다. 넘어서기 위해서는 먼저 일어나야 하고 일어나기 위해서는 먼저 바닥을 알아야 합니다. 바닥은 언제나 또 다른 시작이기 때문입니다.

내 안에 유폐된 나를 끌어내기 위하여, 오늘의 나를 넘어서기 위하여, 힘센 기억을 붙잡기 위하여, 뜨거운 심장의 언어를 받아 적기 위하여 깜박이는 커서를 좇아갑니다. 커서의 끝에서 붉은 들소들이 뛰놀기 시작합니다. 검은 활자들이 부스스 일어나 군무를 춥니다. 일어섬과 넘어섬 사이 잉태되는 나의 비루한 글은 늘 마주하는 바닥에 대한 헌사입니다.

수상작

권선옥

입맛

······

윤슬

아버지의 유산

작가노트

입춘에 비는 내리고

권선옥

『현대시학』 추천(1976). 충남문화상, 전영택문학상, 신석초문학상 등을 수상. 현재 논산문화원장. 수필집: 『아름다운 식탁』, 시집: 『감옥의 자유』, 『허물을 벗다』, 『밥풀 하나』, 시선집: 『별은 밤에 자란다』

입맛

어머니는 음식 솜씨가 좋으셨다. 어머니가 만드신 깍두기나 나박김치 맛은 특히나 일품이었다. 다른 데서 그런 맛을 느껴 본 적이 없다. 그 비결은 특별히 비싼 식재료를 써서가 아니라 식구들에게 맛있는 음식을 대접하고 싶은 절실한 마음에 있었다고 생각한다. 아랫말 사는 선모 형님은 그 아버지와 우리 아버지가 친구였는데 우리 집에 자주 일을 하러 왔었다. 어머니가 돌아가시고 여러 해가 지난 어느 날에 술에 취해 아버지 생각이 났는지 우리 집에 와서 말하기를, 다음날 우리 집에 일을 맞추었으면 '내일은 하루 종일 맛있는 음식을 배불리 먹겠다.'는 생각에 기뻤다고 어머니의 음식 솜씨를 못 잊어 했다.

어머니는 대부분 우리 밭에서 기른 채소들을 식재료로 하여 음식을 만드셨다. 그랬음에도 식단은 다양하고 풍성했다. 부모님이 원체 부지런한 분들이어서 밭 구석구석에 이것저것 알뜰히 가꾸셨다. 돌담을 따라 길게 정구지밭이 있었고, 병순이 누나네 집 울타리 옆에는 늘 도라지와 쪽파, 오이, 가지를 심었다. 서쪽 돌담 너머 모시밭 옆에는 토란밭, 그에 잇대어 고추밭이었다. 어머니는 가끔 우리 집 형편이 풍족하지 못함을 안타까워하셨다. 좀 여유가 있었으면 다양한 음식을 만들 기회를 가져 출가를 앞두고 있던 누님이 안목을 높일 수 있을 거라 하셨다.

막둥이인 나는 자주 어머니를 따라다니며 시중을 들었다. 어머니가 음식을 만드시던 모습이 지금도 눈에 선하다. 매캐한 연기에 눈물을 흘리시기도 했고, 아궁이의 열기로 이마에 송긍송글 땀이 맺혀 있기도 했다. 평소에 먹을 수 없었던 새로운 음식을 만들 때마다 기분이 좋았다. 그중에서도 조청을 골 때가 가장 좋았다. 할머니 제사가 선달 초여서 그때 조청을 고아 한과와 매자과를 만들어 설과 할아버지 제사 때까지 썼다. 남들은 조청을 더 고아서 갱엿을 만들기도 한다는데 우리는 엿을 만들지 않았다. 그것은 불만이었으나 조청을 골 때마다 무를 넣어 정과를 만들었다. 가래떡에 찍어 먹는 조청 맛도 좋았으나 정과의 맛을 잊을 수 없다.

이렇게 여러 음식들을 먹으면서 내가 그 맛을 몰랐던 것이 청포묵이다. 도토리나 상수리로 쑨 묵은 떫은 듯 톡 쏘는 맛이 좋았다. 그런데 청포묵은 그와 달리 밋밋하였다. 그런데도 어머니는 어쩌다 청포묵을 드실라치면 맛이 좋다는 말씀을 몇 번이나 거듭하셨다. 이럴 때마다 나는 어머니를 얼른 이해할 수 없었다. 우선, 그렇게 어떤 것에 대하여 연거푸 찬사를 보낸다는 것이 평소의 어머니 모습과는 너무나 달랐다. 또 내가 먹어 보면 오히려 도토리묵보다 맛이 덜하다는 생각이 들었다.

그런데 훨씬 뒤에, 내가 지긋이 나이가 들어 달거나 신 것이 썩 달갑지 않게 되어서야 그때의 어머니를 이해하게 되었다. 젊어서는 무엇이든지 강한 맛이 좋았다. 맵고 짠 것, 시고 단 것이 좋았는데 어느 때부터인지 이런 것에 점점 입맛을 잃어갔다. 그리고 마침내 그런 맛이 싫어져서 어머니의 입맛처럼 변해 버렸다. 오래오래 먹고 먹어도 입에 착 달라붙는 맛은 짜릿한 맛이 아니라 오히려 심심한 맛이다.

입맛만이 아니라 내가 좋아하는 모든 것이 달라졌다. 옷의 색깔이나 디자인은 젊어서도 점잖은 것을 선호했으니 그렇다 치고, 다른 많은 것들에 대한 취향이 변했다. 그 가운데 가장 두드러지게 변한 것은 사람에 대한 것이다. 졸랑거리며 앞장을 서는 사람보다 있는 티가 나지 않게 중간이나 그 뒤에 서는 사람이 좋다. 깔깔대거나 질질 짜는 사람보다 그 감정을 꿀떡 삼키고 겉으로 드러내지 않는 묵지근한 사람이 좋다. 무엇이고 한번 마음을 먹으면 어떻게든지 이루어 내려고 안간힘을 쓰는 사람보다 아니다 싶으면 내려놓을 줄도 아는 사람이 좋다.

젊어서 한때 가깝게 지내던 이가 '내가 동원할 수 있는 모든 수단과 방법을~.'이라고 말하여 그 뒤로 그와 깊게 틈이 생기고 말았다. 순리를 따르지 않고 지나치게 악착스러운 것이 왠지 싫었다. 그런 사람은 싫기만 한 게 아니라 무서운 생각까지 든다. 나는 가끔, "주여, 제가 할 수 있는 것은 최선을 다하게 해 주시고/ 제가 할 수 없는 것은 체념할 줄 아는 용기를 주시며/ 이들을 구분할 수 있는 지혜를 주소서."라는 프란치스코의 기도문을 나에게 읊어준다.

이제 내 입맛은 음식이나 사람이나 다 같아졌다. 짜릿한 맛보다는 깊은 맛, 그 여운이 오래가는 음식과 사람이 좋다. 그러고 보니 내 주위에는 다 그렇고 그런 사람들이 모여 있는 것 같다. 참, 다행이다.

윤슬

오랜만에 그녀를 만났다. 요즈음 어찌 지내는지 궁금하여 진작부터 만나보고 싶었던 그녀를 오늘에야 만났다. 나도 모르는 사이에 웃음이 얼굴에 가득하고, 그녀 역시 반가운 기색을 감추지 않았다.

사람과 사람 사이의 인연이란 오묘한 것이다. 오랫동안 자주 만났어도 지나고 나면 아무런 흔적도 없는 바람이 있는가 하면, 짧은 만남이었어도 가슴에 들어앉은 몽돌이 있다. 어떤 사람이 가슴을 파고드는 것은 순간의 일이다. 가슴을 단단히 여미고 문을 열어두지 않았어도 깜짝할 새에 훌쩍 담을 넘어 들어온다. 어느 시인은 그리움이 없는 사람은 가난한 사람이라 했다. 그리움의 대상은 사람뿐만이 아니겠으나 그중 가장 크고 무게가 나가는 것은 사람이다. 사람을 가슴에 품는 것은 때로 벅차기도 하나 좋은 일이다. 그 사람은 늘 동행하며 나를 감찰하기도 하고, 힘겨워하는 나의 등을 토닥여 주기도 한다.

내가 그녀를 만난 것은 어느 식당에서였다. 그녀는 그 식당의 종업원이었고, 나는 손님이었다. 처음, 미색은 아니었으나 단정한 모습이 눈에 들었다. 손님을 대하는 태도 역시 얌전하여 인상에 남았다. 그러나 나와 그녀는 그저 단순한 손님과 종업원일 뿐이었다. 그런 우리의 관계가 남다른 관계로 발전하게 된 것은 나의 실수 때문이었다.

나는 대범하지 못하여 작은 것에도 집착하는 버릇이 있다. 딸아이가 첫 월급을 받아 사준 셔츠는 목과 소매끝이 낡아 실밥이 풀어졌어도 즐겨 입는다. 그러다가 요즘에는 더 낡으면 버려야 할 것 같아 입지 않고 옷장에 걸어두고 바라보기만 한다. 또 내가 즐겨 사용하던 돋보기를 잃어버렸을 적에도 그 소심증이 발동하였다. 몇 번이나 책상 안팎을 뒤적거리고, 그날 내가 다녔던 곳을 며칠 동안 샅샅이 뒤졌다. 무안함을 무릅쓰고 동행했던 사람에게 물어보기도 했다. 그런 노력에도 불구하고 그 돋보기는 영영 내 앞에 나타나지 않았다. 귀신이 곡할 노릇이라더니 여지없이 그랬다. 다정했던 사람이 멀리 떠나간 듯 서운했다. 차라리 일찍 포기했더라면 상처가 얕을 걸 그랬다 싶어 후회가 겹겹이었다. 그 뒤로 나는 소지품을 챙기는 데 더욱 조심하였다.

그런데도 또 실수를 저지르고 말았다. 그날도 나는 여느 때처럼 식당에서 맛있는 음식을 즐겼다. 사람에게 쉽게 취하는 나는 정신이 얼얼했는가 보다. 사무실에 돌아와 주머니를 뒤지니 내가 아끼는 손수건이 없었다. 특별한 사연이 있는 것도 아니고 값비싼 것도 아니었지만 몹시 애착이 가는 손수건이었다. 뜻밖의 이별이 매우 서운했다. 그래서 뒤지고 뒤졌건만 종적이 묘연했다. 나와의 인연이 그뿐인가 하여 체념을 하려던 참에 불현듯 그 식당 생각이 났다.

식당에 전화를 하니 그녀가 받았다. 혹시 내가 손수건을 떨어트리지 않았느냐고 물었다. 이게 웬 횡재란 말인가. 그녀는 내가 앉았던 자리에 손수건이 있어서 내 것인 줄 알았다고 했다. 그래서 깨끗이 빨아 잘 다려 보관하고 있으니 다음에 들르면 돌려주겠다고 했다. 남의 손때가 묻은 손수건이니 그냥 버려도 무방할 것이고, 호의를 베푼다면 어디에 두었다가 돌려주기만 해도 될 만한 일이다. 그런데 그것을 빨아서 다려 두기까지 했다니. 나는 너무나 고마워서 고맙다는 인사도 제대로 하지 못하고 전화를 끊었다. 그리고 얼마 뒤에 새것처럼 반듯하게 다린, 그녀의 구김살 없는 마음이 오롯이 담긴 손수건이 내 품으로 돌아왔다.

그로 인하여 나는 그녀에게 각별한 마음을 갖게 되었다. 나는 그녀를 볼 때마다 마음이 푸근해져서 그 식당을 자주 찾게 되었다. 얼마가 지나서부터는 그 식당을 찾을 때마다 그녀를 보러 왔다고 내 마음을 털어놓았고, 그때마다 그녀는 나를 반

갑게 맞아주었다. 몇 달 동안 걸음하지 않으면 아직도 그녀가 그 식당에서 일하고 있는지, 또 마른 얼굴에 살이 좀 올랐을까, 별별 궁금증이 다 일기도 한다. 그래서 나는 다시 그 식당을 향해 발길을 옮긴다. 그녀와 나는 식당 밖에서 차 한 잔을 나누는 기회도 없었지만 그녀는 이미 내 마음속에 들어와 앉았는 것이 분명하다. 오랜 시간의 흐른 일이건만, 그때 손수건에서 묻어나던 그윽한 향기가 생생하여 귀를 기울이면 맑은 호수의 잔잔한 물결을 쓰다듬고 지나가는 가느다란 바람 소리가 들린다. 그 윤슬을 바라보면 여전히 눈이 부시다.

아버지의 유산

아버지는 매우 성실한 농부셨다. 농사에 관한 일이라면 어느 것 하나 흠잡을 수 없게 잘하셨고, 농가에서 필요한 일들도 잘하셨다. 멍석이나 망태기를 만드는 일, 왕골을 키워 돗자리를 짜는 일, 감나무 접도 잘 붙이셨다. 감나무 접은 아무나 할 수 있는 일이 아니었다. 농사꾼으로서 만능선수였던 셈이다.

아버지께서는 새벽마다 흩어져 있는 논을 한 바퀴 돌아오시는 것이 일과의 시작이었다. 어떤 날은 내가 깨어 보면 세숫대야에서 물방개가 헤엄을 치고 있기도 했다. 장난감이 없던 시절이라 막둥이인 내가 가지고 놀게 논 귀퉁이에서 잡아오신 것이다. 겨울에는 대나무로 연살을 깎아 방패연을 만들어 주시기도 했다. 아버지께서 만드신 연은 까마득하게 높이 날아서 동네 아이들의 부러움을 샀다.

아버지는 매우 온화한 성품이셨다. 화를 내시는 일이 없었다. 어머니와 예순다섯 해를 함께 살면서 한 번도 언성을 높이신 적이 없었다. 그래서 나는 두 분 사이에는 아무런 의견 대립이나 갈등이 없는 줄로 알았다. 그런데 언젠가 어머니께서 "느이 아버지 말도 말아라. 석 달 간 말을 한마디도 하지 않은 때도 있다."고 하셨다. 그래서 어머니는 아버지를 어려워하셨던 것 같다. "소를 끌고 지붕으로 올라가라 하면 나는 안 되는 일이라고 한 적이 없다. 소를 끌고 처마밑까지는 갔다."고도 하셨다. 아버지보다도 훨씬 더 사려 깊고 빈틈이 없는 어머니셨음에도 아버지의 말씀에 절대 복종하셨던 것은 아버지의 인품에 대한 경의라고 생각한다. 성숙한 인간 관계에서는 침묵이 벼락 같은 꾸짖음보다 더 효과적이라는 말을 그대로 입증하는 일이다.

아버지께서는 우리들에게도 화를 내어 크게 꾸지람을 하시지 않았다. 내가 언젠가 잘못을 저질러 아버지의 마음을 크게 상하게 한 일이 있었다. 그때에 아버지는 "왜 그렇게 했어?"라는 말씀뿐이었다. 나는 그 말씀 한마디가 얼마나 무거웠는지 모른다. 그리고 다시는 이런 말씀을 듣지 않게 해야겠다고 굳게 다짐했다. 나는 학교 공부도 아버지보다 훨씬 많이 하고, 학생 지도에 필요한 지식을 쌓아 많은 학생들을 가르치고 지도하였다. 그러나 아버지와 비교하면 나는 순 엉터리 선생이었고, 낙제점을 면치 못하는 아비였다. 이에 생각이 이를 때마다 아버지께 감사하면서 죄스러운 마음을 감당하기 어렵다.

아버지께서 나에게 물려주신 값진 보배는 부지런함이다. 나는 아침마다 일찍 일어나 농사답지도 않게 농사를 짓는 논에 가서 일을 하거나 텃밭을 가꾼다. 부지런한 농촌 사람들보다도 먼저 내가 일을 시작한다. 이런 나를 보면서 아내는 "당신은 아버님을 닮아 부지런하다."고 나를 치켜세운다. 이럴 때마다 나는 늘 아버지께 감사를 드렸다. 만약에 내가 게을러서 아내가, 내가 아버지를 닮아 게으르다고 핀잔하였더라면 얼마나 괴로울까 생각하면 그런 다행이 없다.

이렇게 부지런한 아버지께서 어느 때부턴가 모내기를 할 때에도 논에 들어가시지 않았다. 일하는 것이 미덥지 못하여 논에는 오시지만 논두렁에 앉아서 일꾼들이 일하는 것을 지켜보기만 하셨다. 이 즈음에는 나보다 더 크셨던 아버지의 키가 나와 비슷해지고, 발도 작아져서 아버지의 고무신은 내 발에 맞지 않게 되었다. 그러다가 마침내 아버지는 모내기를 하는 날에도 숫제 논에 오시지 않았다.

대신에 큰 힘을 들이지 않고 할 수 있는 일에 열중하셨다. 그 무렵에 아버지는 수수를 심어 빗자루를 여러 개 만들어 내게 주셨다. 아버지께서 만드신 빗자루는 시중에서 파는 빗자루와 비교할 수 없을 만큼 야무져서 마당의 작은 검불도 말끔히 쓸어냈다. 또 아버지께서는 물들인 것처럼 색깔이 고운 가죽나무로 빨랫방망이를 깎아 아내에게 주셨다. 세탁기에 빨래를 하므로 방망이를 두들겨 때를 뺄 일이 없었는데도 그러셨다.

왜 아버지께서 빗자루와 방망이를 우리 부부에게 마련해 주셨을까. 아버지께서는 빗자루로 마당을 쓸면서 내 마음도 쓸어 깨끗해지기를 바라셨던 것은 아니었을까. 빗자루로 쓸어내지 못하는 찌든 때는 아내가 힘차게 방망이를 두들기기를 바라셨지 않았을까.

이제 아버지께서 돌아가신 지 십 년도 훨씬 넘었다. 그동안에 수수빗자루는 다 닳아서 손잡이 부분만 남았다. 마당의 검불을 쓰느라고 다 닳아버렸다. 그러나 정작, 칠십이 넘은 내 마음속에는 아직도 온갖 먼지가 가득하다. 이를 보시는 아버지께서는 얼마나 안타까우실까. 방망이는 아직도 빛깔이 곱다. 이제는 아무래도 방망이질을 시작할 때가 되었나 보다.

입춘에 비는 내리고

언제부턴가 마음에 독이 있었다. 성실한 아버지와 알뜰한 어머니를 부모로 태어나 아무런 구김살 없이 자랐는데, 이상하게 독이 생겼다. 불의와 억압에 대한 분노가 끓어오를 때가 있었다. 그러나 나에게는 그런 것들에 대항할 힘이 없었다. 그래서 날이 서 있는 시를 썼다. 그러나 정작 시는 칼이 되지 못했다. 그래도 달리 방도가 없어 들지 않는 칼을 오래 버리지 못했다. 나의 젊음은 그렇게 무력감 속에서 소진되고 말았다.

그러는 사이에 세상이 많이 달라지고 내 시각視角도 변했다. 마침내 나는 들지 않아서 아무것도 자르지 못했던 칼을 칼집에 넣었다. 그러자 내 마음에 감사와 사랑이 고이기 시작했다. 예전부터 있었지만 그제야 찾아냈는지도 모른다. 분노보다는 용서가, 증오보다 포용이 세상을 따뜻하게 한다. 그래서 나는 수필을 쓴다. 나태주 시인을 만나지 않았다면 나는 애초부터 수필과 함께했을 것이다.

오래 잊고 살았던 세상의 아름다움과 이웃들의 체온을 담은 그릇, 모양새는 볼품없어도 그 속에 담아 두면 썩지 않고 구수하게 발효하는 그릇을 빚고 싶다.

수상작

오금자

겨울나무 곁에서

⋮

겡이죽

벚꽃엔딩

작가노트

존재와 부재의 끝나지 않을

오금자

제주문인협회, 제주수필아카데미 회원. 『수필과비평』 등단. 제5회 제주어 문학상 수상(2023).

겨울나무 곁에서

어두운 그림자가 겨울나무 위에 드리워진다. 거리에 가로등이 하나둘 들어오면 가슴에 못다 한 이야기들이 그리움으로 흩날린다. 바람 속에 흔들리는 겨울나무를 위로하듯 가만히 안아본다.

나무는 잎을 떨군 앙상한 모습이다. 여기저기 파이고 갈라진 상처는 고통스럽게 보인다. 한세상을 살아오면서 나이테를 만들기까지 얼마나 많은 고뇌가 있었을까. 세찬 비바람에 속살이 터져 가면서도 어린 가지를 지키려 많은 눈물을 흘렸을 것이다. 혹독한 추위에도 뿌리를 땅에 딛고 서 있는 모습이 애처롭다. 진눈깨비가 날리더니 금세 함박눈으로 변한다.

나뭇가지 위에 소복이 쌓이는 눈이 나무의 아픈 상처를 덮어주고 있다. 오랜 시간 저 자리에 서서 희로애락을 품었던 나무다. 어린 새싹이 자라서 저렇게 큰 나무가 되는 삶이 어찌 그리 쉬운 일이었을까. 비바람이 불 때마다 가지는 부러졌고 온몸은 상처투성이다. 그렇지만 어디선가 예쁜 새들이 날아와 둥지를 틀고 행복한 보금자리를 꾸려 주길 원했다. 철없는 새끼 새들은 어미가 물어다 준 먹이를 먹고 자라면서 마냥 행복했다. 겨울나무는 속살이 터지지 않으면 큰 나무로 자랄 수 없나 보다. 풍파의 세월 속으로 파고드는 칼바람에 비틀거렸다.

병상에 누운 그이는 나를 보고 웃고 있지만, 삭풍 앞에 선 겨울나무처럼 앞날에 대한 두려움만 가득하다. 병원 신세를 지고부터 작별의 시간은 점점 다가온다. 약속한 백년해로도 영원히 곁을 지켜주겠다던 맹세도 다 부질없는 일이다. 세상에는 영원한 삶도 영원한 나무도 없다.

삶과 죽음이 차이는 무엇인가. 죽음은 인생의 종착역이요, 모든 것이 끝나는 일이다. 이승에서 맺은 인연이 여기가 끝인가 보다. 감당하기 어려운 슬픔으로 마음은 텅 비어 있다. 삶을 마감하는데 한마디 작별 인사도 할 수 없다는 현실은 너무나 가혹하다. 삶의 끝자락에 서 있는 남편 뒤로 검은 그림자가 어른대고 있다. 식어가는 손을 잡고 울음만 삼켰다. 나는 어둡고 적막한 병실에 홀로 남아 절규했다. 그 순간에 삶과 죽음은 서로 갈라져 작열하고 있었다.

겨울나무는 한겨울이 오면서 푸르던 잎새를 모두 떨구고 있지만, 한때는 당당하게 풍성한 잎을 자랑하며 뽐냈다. 너른 품을 내어주며 오가는 이들의 고단한 심신을 달래주는 안식처였다. 생명을 다하고 떠나는 사람이 어찌 세상을 원망하고 싶지 않겠는가. 자신에게 다가온 운명을 거역할 수 없어 모든 것을 체념한 듯하다. 당당하던 젊은 날이 그리워 돌아가는 길이 더 막막할 것이다.

인생을 살아가는 데 어찌 봄날만 있겠는가. 겨울나무는 한겨울 눈보라 속에서도 의연하게 자리를 지키고 있었다, 몇 년 동안 혹독한 겨울 속에서 봄이 오기를 기다린다. 서슬 퍼런 바람에 쓰러져 일어설 수 없는 일은 감내하기 힘든 고통이었다. 벌판에 서 있는 것처럼 몸과 마음은 갈가리 헝클어졌다. 눈물방울 하나하나를 구슬로 엮어서 떠나는 그에게 드리고 싶다. 눈물겨운 시간을 모두 보내고 남은 마음의 끝자락은 붉기만 하다.

신은 나의 편이 아니었다. 시간을 조금만 더 달라는 애달픈 기도를 들어 주지 않았다. 이승에서 드리는 마지막 미음米飮을 남편이 입속으로 넣으며 눈물을 삼켰다. 아이들이 애절한 울음소리가 들린다. 깜깜한 시간 속에 어디로 가야 할지 불안이 엄습해 온다. 이제는 영원히 볼 수 없는 작별의 시간이 시시각각 다가오고 있다는 생각에 모든 것이 멈추었다. 생명의 끝에서 어둠이 나에게 다가와 자꾸 무언가를 속삭였다. 이제 곧 나도 사라지고 그도 사라지고 세상도 사라지고 오직 울음소리만 존재하는 그런 순간이 올 것이다. 어디선가 붉은 황혼이 떨어지는 고요한 소리가 들리고 있었다. 모든 것이 사라지는 고요 속에서 비로소 삶과 죽음을 제대로 볼 수 있는 듯했다.

나무가 부럽다. 혼자만이 묵묵히 자리를 지키며 살아왔기에 이별의 슬픔은 없다. 너른 품을 가지고 있으니 몰아치는 비바람에도 당당하게 맞설 수 있다. 사람들의 시선이 두려워 안으로만 숨어들었던 가슴에는 시린 바람이 몰려와 서럽다. 혼자 걷는 길 위에는 찬바람만 불어온다. 되돌아보니 저만치 한 그루 나무가 떠나간 사람같이 나에게 다가온다.

남편과 함께 자주 걸었던 길에 서 있던 나무를 가만히 안아본다. 쿵쿵대는 심장 소리는 들을 수 없지만 서로의 흐느낌을 느낀다. 나무는 언제까지 곁에 있겠다는 듯이 마음속에 들어와 있다. 소곤소곤 속삭이듯 들려주는 한마디 위로가 평온하다. 하늘이 내 마음을 알아주기라도 하는 듯 눈이 펑펑 내린다. 눈송이는 나무 위에도 내 머리 위에도 살포시 내려앉는다. 눈 위에 그의 이름을 새겨본다. 기억해야 할 것들이 아직은 남아 있어 겨울나무 곁을 떠나지 못한다.

앙상한 겨울나무에서 마지막 남은 잎새가 툭 떨어졌다. 마지막으로 떠나는 것은 언제나 슬프다. 마지막 잎새, 마지막 열차, 마지막 사람. 나는 다시 봄을 기다리며 살기로 했다. 겨울나무는 죽은 듯이 잠자고 있다가 봄이 오면 불현듯 초록빛 생명을 준다. 나무는 초연한 것처럼 천천히 상처를 녹여내는 중이다. 이제는 이 우울한 겨울에서 벗어나고 싶다. 인생의 행복은 봄날의 새싹처럼 다시 돋아나는 것이다. 나에게도 언제 봄이 오기나 할 것인지.

이제 오롯이 혼자 살아가야 하고 감당해야 할 일들만 남아 있다. 떠나는 자는 말이 없고 슬픔은 살아남은 자의 몫이다. 때로는 슬픈 노래가 위안이 될 때도 있다. 당신은 노을 속으로 사라져 가고 나는 여기 남았다. 찬바람을 머금은 채 드리워졌던 안개도 서서히 걷히기 시작했다. 회한의 시간은 물결처럼 일렁이고 그 자리를 그리움이 채운다. 죽어가던 겨울나무에도 마침내 잎이 무성해지고 꽃이 피고 새들이 지저귈 것이다. 나에게도 어둠이 지나가고 연둣빛 봄이 올 것이다.

겡이죽

태양이 수평선 너머로 서서히 사라져가고 있다. 붉은 노을이 희미해지면 어둠이 내려와 고단한 하루를 보낸 사람들을 위로한다. 바다도 작은 물결을 일렁거리며 갯가로 밀려온다. 불어오는 바람이 물새들과 함께 해안에 있는 나무들과 이야기를 나눈다. 나뭇잎들은 바다에서 있었던 일들을 기억 속에 남긴 채 조용히 흔들리고 있다.

바닷가에 어둠이 찾아오면 멀리서 별들이 하나둘 반짝이며 나타난다. 바다에서는 새로운 생명이 태어나고, 새로운 만남이 이루어진다. 어둠은 불안과 두려움을 불러일으키지만, 평온과 고요함도 함께 안겨준다. 파도가 밀려오는 소리는 깊은 사랑의 고백처럼 감미롭게 들린다. 어둠 속 별들은 우리에게 희망의 불씨를 전해주기 위해 간절하게 반짝이고 있다.

어린 시절부터 바닷가를 거닐다 바삐 기어다니는 게를 봤다. 제주에서도 바닷게를 부르는 이름이 다양하다. 서귀포 지역에서는 '겡이'라고 하고, 다른 지역에서는 '깅이'라고도 한다. 게들은 경주하는 육상선수처럼 쏜살같이 움직인다. 손으로 잡으려 하면 작은 몸은 어느새 바위 속으로 유연하게 사라졌다. 그의 집은 바닷가 작은 돌 틈 사이에 있다. 많은 가족을 거느리며 살아야 하기에 먹이를 찾아 끊임없이 움직일 수밖에 없다. 그가 걷는 자취는 곧 삶이며 시간의 흔적이다.

할머니는 오늘도 바다로 게를 잡으러 나선다. 빛바랜 갈색 바지를 입고 주둥이가 좁은 플라스틱 통을 들고 갯가로 나간다. 언제나 같은 모습이다. 몸에서는 비린내가 향수인 양 풍기고 있어 아이들은 '게 할머니'라 부른다. 얼굴에는 삶의 고단한 흔적이 시간과 함께 간직되어 있다. 세월의 무게로 얼굴은 쭈글쭈글했지만, 걸음걸이는 젊은 사람보다 더 당당하다. 동네 사람들은 할머니를 보고 바닷게를 많이 먹어서 건강하다고 했다.

바닷게가 생존을 위해 부지런히 움직이는 것처럼 할머니도 집안을 거느리는 가장으로 조용한 날이 없다. 바닷가의 절벽을 오르고 내릴 때도 힘이 넘쳐난다. 바닷가에 도착하자마자 게를 찾기 위해 작은 바위를 이리저리 뛰어다니며 게를 잡는다. 할머니는 게처럼 바다를 기어다니며 더 단단하고 더 용감

해졌다. 자기 삶을 역사처럼 고스란히 몸에 담고 있었다.

할머니는 가족을 책임지는 가장으로 바다에 자신을 내던지며 헌신하고 살아왔다. 삶은 누구에게나 벅차고 힘든 일이다. 세상 풍파에 시달리며 살아가야 하는 이유는 내일의 생존을 위해서이다. 여성으로 태어난 이상 운명이라 생각하고 살 수밖에 없었다. 아침 이슬을 맞으며 찬거리를 위해 바다로 나가는 일은 살기 위한 몸부림이었다.

가난하고 힘든 삶이라 바닷게처럼 부지런히 살 수밖에 없었다. 어려운 일 앞에서 할머니는 결코 무너지거나 타협하지 않았다. 고통스러운 삶에서 벗어나기 위해 어떤 상황이 닥쳐도 포기하지 않았다. 삶은 비록 가난했으나, 가족의 행복을 바라는 마음이 할머니가 살아내야 하는 이유이고 보람이었다. 할머니의 세월은 모두 어디로 훌쩍 가 버렸는지 모른다. 그렇지만 할머니가 만든 시간의 탑은 우리 집 주춧돌처럼 든든하다.

사람들은 입맛이 없거나 간단하게 식사하고 싶을 때 죽을 먹는다. 우리가 흔히 먹는 죽과는 달리 '겡이죽'은 별미이다. 작은 게를 곱게 갈아 만든 죽을 제주에서는 '겡이죽'이라 한다. 요즘은 믹서기가 나와서 쉽게 갈아서 죽을 끓일 수 있지만, 옛날에는 잡아 온 게를 맷돌에 넣고 돌려서 죽을 쑤었다. 할머니가 게를 많이 잡은 날에는 우리 집도 '겡이죽'을 먹는 날이다. 그 맛이 어찌나 좋던지 지금도 그리운 맛이다. 가끔 재래시장에서 플라스틱 통에 들어있는 작은 게들을 보게 되면 그때가 생각난다.

마당에 우뚝 서 있는 나무가 유난히 흔들린다. 고목은 불어오는 세찬 바람을 이겨내지 못하고 이리저리 휘청거린다. 할머니도 어느덧 나이가 들었다. 남겨질 자식들 걱정으로 한숨이 깊어진다. 그간 살아온 굴곡 진 얼굴에는 주름이 훈장처럼 가득하다. 바닷가에서 부지런히 기어다니는 게는 아무리 작은 존재일지라도 그 삶은 커다란 가치를 지니고 있다.

할머니가 어둠 속에서 눈물을 흘리며 힘겨운 삶을 견뎌 왔듯이, 바닷게가 살아가는 방법도 크게 다르지 않다. 할머니가 홀로 눈물을 감추고 있을 때 바닷게는 다시 더 작은 먹이를 찾아 돌틈을 헤집고 다닌다. 자신이 입은 상처를 치유하기 위해 탈각脫殼을 한다. 탈각해서 새로운 껍질을 만들고 몸집을 키워 삶의 원동력을 얻는다. 살 만큼 살다가 가야 할 곳이 어디인가를 애끓는 목소리로 묻는다.

아무리 작고 비천하게 산 사람의 일생이라도 한 줄로 요약되는 삶은 없다. 오늘도 바닷게는 흔적을 남기지 않고 어딘가로 기어간다. 손바닥만한 작은 꿈을 간직한 채 어느 초라한 바위 아래서 잠든다. 이 세상에 주소가 없는 사람들에게도 희망은 있다. 꿈과 희망마저 포기한다면 어떻게 살아갈 수 있을 것인가.

할머니는 가족들을 위해 자신의 모든 것을 던졌다. 힘든 삶에서 굽이굽이 내리는 서러움이 파도처럼 마음을 젖게 할 때도 많았다. 세상 풍파에 시달리다 보면 중심 없는 파도같이 이쪽으로 갈 때도 있고 저쪽으로 흔들릴 때도 있다. 그 속에서는 남들이 알지 못하는 치열한 삶이 연속되고 있었다. 그때마다 할머니는 바다에서 바닷게처럼 삶의 에너지를 건져 올렸다. 언제 삶이 고통이 아닌 적이 있던가. 벼랑 끝에 서 있는 무섭고 외로운 시간 없이 진정한 삶을 건져 올릴 수 없었다.

할머니는 이제 먼 길을 떠났다. 할머니가 게이 죽 한 그릇에 담았던 따스한 마음을 느껴보고 싶지만, 이제는 그럴 수 없다. 할머니는 지나가는 바람을 붙잡고 가족을 부탁했을 것이다. 살아야 하는 일은 남은 자의 몫이다. 언젠가 할머니의 마음을 이해하고 그 마음을 그대로 받아들일 수 있다면, 그 시간은 이 세상에서 가장 아름다운 때가 될 것이다.

오늘도 바다는 여전히 푸르고, 바닷게는 열심히 바위틈을 헤집고 다닌다.

벚꽃 엔딩

아침 햇살이 봄을 잔뜩 머금고 있다. 나무에서는 꽃송이가 몽실몽실 피어난다. 긴 어둠 속에서 이파리 하나 피우지 못하던 꽃들에도 또 봄이 왔다. 그동안 꼭꼭 접어두었던 꽃술을 활짝 열고 마침내 봄이 왔다. 다시 돌아온 봄은 어머니의 다정한 목소리처럼 산천초목을 일어나라고 깨운다. 더디고 나른한 시간을 안고 다시 피어난 벚꽃들도 하늘하늘 손짓한다.

온 세상이 파릇파릇한 생명의 옷을 입었다. 벚꽃은 하얀 옷을 곱게 차려입고 우아하게 피어있다. 지난겨울 어느 품속에 꼭꼭 숨어있다가 뒤늦은 발걸음으로 나타나 아름다운 자태를 뽐내고 있는 것일까. 찬란한 봄날에는 온 세상이 꽃으로 가득하다. 분홍색, 흰색, 연둣빛으로 물든 꽃들은 신이 내려주신 선물 같다. 만발한 작은 꽃송이가 사람들을 유혹한다. 길섶에는 할미꽃, 제비꽃, 냉이가 지천에 소담스럽게 피어나 있다. 봄의 세상에서 가장 반가운 것은 다시 피어나지 못할 것 같았던 꽃들을 다시 만나는 일이다.

부드러운 봄바람이 볼을 간지럽히는 벚꽃길을 따라 하염없이 걸어본다. 벚꽃이 피면 항상 소식을 전해오던 친구가 있었다. "친구야, 우리 동네에 벚꽃이 만발했어. 우리는 언제 벚꽃 나무 아래를 함께 걸을 수 있을까." 해마다 자기가 사는 곳에 벚꽃이 피었다는 소식을 알려주던 친구다. 찬란하게 피어난 벚꽃의 시작이 그랬듯이 우리의 인생도 아름답게 끝나기를 소망했다.

예쁜 마음을 가진 친구는 벚꽃같이 활짝 피어보지 못하고 고달픈 삶을 살다 갔다. 어쩌면 하얀 벚꽃처럼 어느 날 훌쩍 떨어지는 자유를 선택했는지 모른다. 힘들게 맺은 인연과도 같이하지 못하고 아이를 혼자 키우며 살던 친구다. 고단한 삶을 혼자 살아서일까. 벚꽃 피는 계절을 유독 좋아했다. 세상에서 피었다가 떠나는 것이 어디 벚꽃뿐일까. 모든 인연은 잠시 머뭇거리는 사이에 사라진다. 인생살이도 그렇다. 마지막 순간까지 아름답게 살다 헤어지면 좋겠는데, 필 때는 영원을 약속하지만 떨어지는 것은 순간이다.

꽃잎이 하르르 하르르 떨어지며 거리에 날린다. 바람결에 꽃잎이 흔들린다. 손을 내밀어 벚꽃잎을 손등에 올려본다. 저

꽃잎들은 떨어지면서 무엇을 남기려 하는가. 벚나무 아래에는 봄바람이 일렁거린다. 하염없이 날리는 꽃잎을 바라보며 떠나간 친구를 그리워한다. 벚꽃잎은 여인의 삶과 같다는 생각을 해본다. 누구든지 행복한 삶을 꿈꾸며 살지만, 만족한 삶은 그리 쉽게 오는 것이 아니다. 친구의 삶도 다르지 않았다. 짧은 시간에 잠시 피었다 사라지는 벚꽃, 그 벚꽃처럼 연인의 사랑도 친구의 삶도 덧없이 흘러간다.

눈물나도록 아름답게 벚꽃이 휘날리던 날, 병상에서 잡은 친구의 손은 싸늘하게 식어 있었다. 숨이 차도록 아픈 나날도 한순간으로 흘러갔다. 그토록 소망했던 아름다웠던 시간을 한 송이 꽃이 되어 사라졌다. 덧없이 사라질 인생일지라도, 말없이 돌아설 사랑일지라도 꽃은 여전히 피고 진다. 오늘도 벚꽃길을 달리는 수많은 자동차 위로 꽃나비들이 분분하게 쏟아져 내리고 있다.

모든 이별은 바람결에 꽃잎이 떨어지듯 사라져가는 것이다. 아무리 백 일 동안 붉은 꽃이 없다지만 찬란했던 청춘도 친구의 삶도 한순간에 꽃잎처럼 떨어지고 말았다. 덧없이 찾아온 생명의 마침표 앞에 영원할 줄 알았던 깊었던 우정의 시간도 소리 없이 사라졌다. 봄날의 햇빛은 아직 너무 밝은데 벚꽃은 다 떨어지고 친구는 떠나갔다.

벚꽃놀이를 함께하자던 친구와의 약속은 끝내 지키지 못했다. 긴 인생에서 얼굴 보고 벚꽃놀이 한번 하는 일이 어찌 그리 힘든 일이었던가를 생각하니 끝없는 회한이 밀려온다. 살아가면서 누구에게나 시간은 주어진다. 그 시간은 내 존재의 '있음'을 알려준다. 흩어지며 날리는 벚꽃의 떨림도 하얀 쪽배처럼 멈추지 않으면서 자신의 시간을 항해한다.

눈 감으면 떠오르는 모습도 시간이 흘러가면서 점차 퇴색되어 갈 것이다. 그 사이 다시 벚꽃만 저 홀로 흐드러지게 피었다 질 것이다. 아픔도, 기쁨도, 우정도. 흐르는 시간 앞에 또 다른 삶으로 피어난다. 한 조각의 봄과 한순간의 사랑과 한 시절의 벚꽃도 끝날 것이다.

벚꽃 엔딩! 노랫말에 나오는 것처럼 "봄바람 휘날리며 흩날리는 벚꽃잎이." 지는 것은 마지막 삶의 풍경이다. 하늘에서 벚꽃을 시샘하듯 비가 내리면 꽃잎은 비에 젖어 떨어진다. 몇 안 남은 꽃잎들은 푸른 잎사귀 뒤에 몸을 숨긴다. 떨어지는 꽃잎은 우리를 슬프게 하지만 그들은 언젠가 다시 나타난다. 벚꽃은 봄이 되면 다시 돌아오지만 내 곁의 사람들은 자꾸 떠나고 그리움만 남긴다.

벚꽃이 떨어지지 않고 항상 볼 수 있다면 사람들은 벚꽃에 열광하지 않을 것이다. 이별도 마찬가지다. 기쁨만 간직하고 살아간다면 슬픈 일은 존재하지 않을 것이다. 만개한 꽃은 오래 기다려 주지 않는다. 비바람만 살짝 스쳐도 하나둘 흩어져 떨어지고 만다. 사람도 나이가 들어가면서 늙어간다. 만약에 사람이 죽지 않고 영원히 산다면 세상은 사람들로 넘쳐 생지옥이 될 것이다. 떠나가는 것은 슬픈 일이지만 복된 일이다.

벚꽃과 함께한 시간도, 사랑을 나누던 사람도 결국은 사라진다. 사라져 가는 것은 또 다른 것을 잉태하기에 아름다운 것인지도 모른다. 잠시 찬란하게 피었다가 바람결에 분분히 날려가는 벚꽃이지만 자신의 삶을 투정하지 않는다. 왜 자신에게 더 긴 생명을 주지 않느냐고 불평하지 않는다. 작은 바람에도 이리저리 날리며 마지막을 장식하지만, 벚꽃은 이 세상과 사람들을 위해 기도한다. 누군가 나눈 견고한 약속을 지키기 위해 봄비를 맞으며 산화한다.

세상에 존재하는 것들은 사라지고 저마다의 기억으로 남는다. 벚꽃도 잠시 피었다가 떨어져 제 가치를 상실하듯 우리의 삶도 벚꽃과 무엇이 다를까. 삶이란 길고 짧은 것으로 한정되어 있을 뿐이다. 꽃잎은 떨어져서 없어지는 것이 아니라 다시 피어나기 위해 마지막 선택을 기다리는 것이다. 흔들리는 삶 속에서 떠나는 몸과 마음을 붙잡고 다시 올 분홍빛 봄을 기다린다. 나의 삶도 흘러가다가 세상에 마침표를 찍을 때 벚꽃처럼 아름답게 다시 피어날 수 있을까.

저녁나절 분분히 나리는 벚꽃을 바라보면서 혼잣말을 해본다. 친구야. 산다는 것은 사랑한다는 것이야. 봄이 오는 것을 기다리고 벚꽃이 떨어지는 것을 보면서 사랑하는 것이야. 벚꽃의 시절은 그렇게 끝나고 또 흘러간 시간이 되었다. 머리 위로 벚꽃 이파리들이 눈물같이 뚝뚝 떨어지고 있었다.

| 작가노트 |

존재와 부재의 끝나지 않을

지난 얼마 동안 내 삶에서 가장 중요한 명제는 존재와 부재에 관한 것이었습니다. 우리에게 존재는 무엇이며 부재는 무엇일까요. 눈앞에서는 존재하면서 가슴 속에는 부재하는 것, 가슴 속에는 존재하면서 눈앞에서 부재하는 것, 일생 동안 존재와 부재의 숨바꼭질을 되풀이하는 것이 인생이 아닐는지요. 인생도 글쓰기도 있음과 없음, 나타남과 사라짐의 끝없는 연쇄를 추적하는 일이 아닐까 싶습니다. 누군가를 만나서 함께하다가 이별하는 것도 모두 존재와 부재의 한숨이며 눈물이 아닌가요.

이번에 수상하게 된 「겨울나무 곁에서」라는 작품은 남편의 죽음을 지켜보면서 느낀 감정을 담은 수필입니다. 오랜 시간

동안 삶과 죽음의 깊은 상실과 부재라는 심리적 상태에 빠져들었습니다. 슬픔이 눈물 되어 흐르다 멈추고, 존재와 부재의 모습을 수없이 어루만지던 어느 날 창밖의 그 자리에는 겨울나무가 홀로 서 있었습니다. 존재와 언어는 동전의 양면처럼 맞물려 있고, 떠나가는 사람이 남기는 마지막 인사는 나에게 삶의 의미를 새롭게 사유하게 했습니다. 잎을 다 떨군 앙상한 겨울나무의 모습을 통하여 희망을 건져 보려 했습니다.

모든 것이 결국 천상을 향하지만, 지상을 완전히 떠나지 못한 채 원점으로 회귀하고 마는 존재에게 드리워진 숙명, 이것을 위한 몸부림이 인생과 수필의 마지막 과업이 아닐지요.

수상작

한복용

껍질

······

비 오는 날의 칸타타

경주慶州

작가노트

섬

한복용

『에세이스트』로 수필, 『인간과문학』으로 평론 등단. 『인간과문학』 편집위원, '더수필' 선정위원. 수필집: 『우리는 모두 흘러가고 있다』, 『지중해의 여름』, 『꽃을 품다』, 『청춘아, 아프지 말자』

껍질

노란빛을 사윈 모과는 점점이 누릿해지다가 갈색으로 변해 결국 하나의 검은 덩어리가 되었다. 한 시절 단단히 나무에 매달려 세상을 호령했던 호기는 어디로 사라지고 처음부터 나무의 본 껍질이었던 양 시간의 저만치를 추억하고 있다.

모과는 생김새도 고왔고 몸도 컸으며 향도 짙었다. 그 색이 변하는 짧은 시간이 못내 아쉬웠다. 상처 하나 없이 몸통이 고와 오래가려나 했는데, 여느 모과와 다를 바 없이 껍질을 웅크린 채 어느 날 갑자기 시들어버렸다. 범접하지 못할 검은 색의 딱딱함으로 또 다른 자신의 존재를 드러냈다. 매끈한 모과를 쓰다듬던 그날은 나도 그도 찬란했다. 찬란한 시간은 우리의 뜻대로 오래가지 않았다.

어느 날 늦은 저녁, 지하철에서 내린 나는 집이 아닌 단골 커피집으로 향했다. 바람 불고 날이 찬데 그대로 집으로 가기에는 왠지 심심했다. 흐리게 남아있던 술기운도 합세했다. 진한 에스프레소 한 잔 하면서 찻집 주인과 수다라도 떨까 했는데 모과를 보면서 나의 시간은 언제인지 모르게 멈춰버렸다.

커피를 주문하고 돌아서는데 마룻바닥에 모과들이 커다란 가방 가득 담겨있었다. 나도 모르게 감탄하며 강아지처럼 쪼그리고 앉아 냄새를 탐했다. 주인은 몇 개든 맘껏 가져가라고 했다. 방금 딴 것인데 올해는 모과가 참 잘 됐다고 차를 만들어 먹으라며 레시피까지 읽어 주었다. 그의 말이 탐탁잖게 들렸다. 차茶라니. 모과를 토막내 적당한 두께로 썰어 설탕에 재고 그것을 숙성시켜 차로 마시라는데 나는 영 그 과정이 싫게 들렸다. 모과는 아무래도 설긴 바구니에 담아 향을 즐기는 쪽이 어울렸다. 손에 잡히는 대로 다섯 개를 집어 들었다. 주인이 누런 종이가방에 내가 건넨 모과를 담아주었다. 에스프레소를 한 모금에 털어 넣고 수다를 미련 없이 다음으로 미룬 채 모과 향을 맡으며 집을 향했다.

걸어오는 내내 자꾸만 모과빛 웃음이 쏟아졌다. 모과도 나를 따라 묵직하게 웃어주었다. 모과를 들고 오는 길이 행복했다. 책상 모퉁이 바구니에 담긴 모과도 행복했다. 좁은 방안을 채우는 짙은 향기는 더더욱 행복했다.

그랬던 모과는 하루이틀사흘……. 색이 변하고 형체가 무너지면서 아무것도 아닌 것이 되어버렸다. 겨울을 모두 채우기도 전에 쓸모를 다한 모과가 덩그러니 바구니에 담겨 있을 뿐이었다. 모과의 생을 말하기에는 나의 아쉬움이 컸다. 그런데도 이것을 언제쯤 버려야 하나 벌써부터 궁리 중이었다.

검은 덩어리로 변해버린 모과를 보면서 나는 반소매 아래 내 살갗을 습관처럼 손바닥으로 쓸어내렸다. 이도 언젠가는 쓸모없이 무너질 것이었다. 나는 팔꿈치와 발뒤꿈치와 하이힐에 구부러진 엄지발가락도 차례로 쓰다듬었다. 무뎌지고 꺼칠한 것이 보드라움과는 거리를 둔 채 멋쩍었다.

욕실로 가 따뜻한 물에 몸을 담갔다. 나의 껍질들이 일제히 참았던 숨을 내쉬었다. 탄력을 잃어버린 채로 어느 곳은 색이 변했고 또 어느 곳은 멍이 든 채였다. 언제, 어디서 부딪혔는지도 모를 피멍, 아팠던 기억도 없는 흔적들이 늘어진 살갗에 무늬를 남겨두었다. 거울에 비친 몸은 더욱 형편이 없었다. 몇 차례의 수술로 흉터가 나 있는 앞모습과 살아온 만큼 늘어진 뒷모습이 어느 한곳 만족스럽지 못하게 버티는 중이었다. 세월이 준, 잃어버린 탄력 앞에 까마득한 어느 날의 나를 더듬어보지만 한 번도 좋았던 적이 없었던 것처럼 기억은 차단되어 더이상 확장되지 않았다.

살뜰히 챙겨본 적 없는 나의 껍질, 물기를 닦고 로션을 전체에 바르면서 처음으로 신경 쓰며 다독였다. 그것들은 힘을 잃어 이리저리 밀려났지만 이내 제자리로 돌아왔다. 체념한 척 웃어넘기기에는 아직도 나에겐 여자이고 싶은 욕망이 남아 있었던가. 나머지 로션을 덜어 손이 닿는 곳까지 펴 발랐다. 거울을 보니 보이는 곳보다 보이지 않는 곳이 더 형편없었다. 성형의 힘을 빌린다면 모를까 회복이 불가능한 주름은 세월 앞에서 어쩔 수 없는 나의 껍데기였다.

나는 왜 모과를 보며 나의 살갗을 생각한 걸까. 여직 그런 생각은 처음이었다. 둔기로 머리를 얻어맞은 것처럼 찡, 하는 소리와 함께 자각이 된 것이었다. 모과처럼 나도 아무도 모르게 색이 변하고 애당초 흙이었던 것처럼 적당히 무너져 흙으로 돌아갈 일이었다. 결국엔 벌레의 먹이가 되고 나무의 거름이 되어서 무언가의 단단한 힘줄이 돼 주겠지.

그런데 조금 억울한 생각이 드는 것이다. 그리고 어떤 죄스러움에 못내 몸을 떨었다. 성장을 멈춘 듯 애도 어른도 아닌 어정쩡한 모습을 한 어떤 여자아이가 나를 보며 웅크린 채로 거울 속에 앉아 있었다.

방으로 돌아와 검게 변한 모과를 사각봉투에 담았다. 화단 한 켠에 묻어줄 참이었지만 그때가 언제가 될지 가늠할 수 없었다. 거름으로 돌아가길 바라면서도, 그 모습 그대로 다시 새롭게 피어날 봄을 기다리고 있는 건지도 모를 일이었다.

비 오는 날의 칸타타

그때까지 나는 심한 강박증에 묶여 있었다. 잘 다려진 손수건은 늘 교복 주머니 안에 네모진 그대로 들어 있어야 했고, 양말은 발목 위로 접혀 감색 운동화 밑단과 같이 하얀색으로 깔끔해야 했다. 검정색 교복 상의는 하얀 칼라가 달려 있었는데 그것도 하루에 한 번은 떼내어 빨았다. 마지막 헹굼에서 잉크 한 방울로 푸른빛을 낸 칼라는 다리미로 반듯하게 다려 다시 교복에 붙어 있어야 했다.

이는 나보다 세 살 위 언니인 '두斗'의 압력이 무서워서 날마다 자진해 체크하는 항목이었다. 나는 이것 말고도 두의 눈치를 보면서 덜덜 떨 때가 많았다. 집에서도 학교에서도 두와 마주치면 심장이 쪼그라드는 것같이 무서웠다. 두가 졸업을 하고 나는 중학교 2학년이 되었다.

두가 없는데도 습관은 무서웠다. 버스를 놓치면 비포장길을 걸어가야 했는데 나는 운동화가 더러워질까 걸음걸이도 이상하게 걸었다. 콩나물시루 같은 버스에서도 누군가의 발에 밟히지 않으려고 까치발을 하곤 했다. 귀밑 3센티 머리 길이는 거울을 보면서 짐작했다. 드디어 자유가 주어졌는데도 여전히 두는 내 옆에서 눈을 부라리며 참견하는 것만 같았다. 이상했다. 다른 형제들과 달리 유난히 내게 신경질적이고 공격적이었다.

나는 몹시 예민한 아이였다. 태어날 때도 다른 아이와 달랐고 툭하면 열이 올라 경기驚氣를 일으켰다. 엄마는 나를 두고 밖에 나갈 때마다 "아기 울리지 말거라." 하고 언니들에게 당부하곤 하셨다. 자신보다 내가 더 보호를 받는다고 느꼈던 때문일까. 새침하고 잘 웃지도 않으니 그냥 미웠던 걸까. 두의 눈에는 내가 늘 미운 가시였다.

가끔 동생도 그랬지만 두도 나에게 다리 밑에서 데려온 아이라고 눈총을 줬다. 하지만 중학생이 되면서부터는 그런 말 따위는 믿지 않았다. 누군가 같은 학년인 외사촌동생 원이와 내가 이란성쌍둥이 아니냐고 농담같이 말하기 전까지는 그랬다. 그 말을 듣고 원이도 나도 한동안 우리의 아버지가 누구인지 헷갈렸다. 둘 중 하나는 다른 집 아이일 거라고 생각하며 혼돈의 시간을 보냈다. 몇 번씩 알밤 맞으며 혼나고 나서야 우리가 외사촌 사이이고 원이가 나보다 한 살 아래라는 걸 믿게 되었다. 여하튼 내가 혼돈의 시간을 보내고 원이까지 흔들었던 건 모두 두의 심술이 컸기 때문이었다. 툭하면 구박하고 윽박지르던 두가 우리 형제 중 너만 다른 데서 데려왔다고 쏘아대니, 남들이 농담처럼 해본 말에 정신 줄을 놓은 것이다.

두는 고등학교를 다른 곳으로 갔다. 그런데도 나는 두에게 휘말린 강박증에서 여전히 벗어나지 못했다.

어느 비 오는 토요일이었다. 종례가 늦게 끝나 집에 가는 버스를 놓치고 말았다. 다음 차를 타려면 한 시간은 더 기다려야 했다. 비는 점점 굵어지는데, 다른 친구들은 걸어서 가겠다고 했다. 모두들 우산을 받치고 집 방향으로 걸었다. 한 발 두 발, 걸음을 옮길 때마다 나의 신경은 온통 운동화에 꽂혔다. 비바람까지 세차졌다. 조심하면 할수록 빗물은 얼굴을 때렸고 흙탕물이 양말을 물들였다. 질퍽한 땅을 밟을 때마다 운동화에는 흙이 사정없이 묻었다. 그러다가 발을 헛디뎌 작은 웅덩이에 한쪽 발이 빠지고 말았다. 갑자기 숨이 조여 왔다. 비바람에 휘청대며 그 자리에서 한 발짝도 움직이지 않았다. 앞서가던 친구들이 손짓했지만 그 모습이 흐려보였다. 빗물이 얼굴을 때린 건지 내가 울었던 건지는 잘 모르겠다. 다만 엉망이 돼버린 운동화가 나를 올려다보는 꼴이 몹시도 서러웠다.

어떤 용기였을까. 나는 바로 우산을 접었다. 집에 도착하려면 아직 한참 멀었는데 그 비를 다 맞을 참이었다. 지나가는 사람들이 바람에 우산이 날릴까 조심하면서도 나를 보고 한마디씩 했다. 친구들도 왜 그러냐고 내게 물어왔다. 나는 고개 숙인 채 비 내리는 길을 그냥 터벅거리며 걸어갔다. 그런데 정말 이상했다. 시간이 지나면서 기분이 조금씩 좋아지고 있었다. 옷이 다 젖었고 신발은 질컥댔다. 이마에서 흐르는 빗물로 눈이 따가운데도 그것을 쓸어내며 나는 웃고 있었다. 교복과 운동화가 엉망이 될수록 내 기분은 점점 좋아졌다.

앞서가던 친구들도 하나둘 우산을 접었다. 곧이어 여기저기서 까르르 웃음소리가 들렸다. 남학생들이 뛰어가면서 일부러 여학생에게 흙탕물을 튕겼다. 여학생들은 그것을 뒤집어쓰고도 화를 내지 않았다. 오히려 재미있어 했다. 나도 어느새 그들과 함께 있었다. 비는 계속 내렸다. 세찬 빗줄기 속에서 교복을 입은 아이들이 엉거주춤, 개구리 뛰듯 이리저리 날뛰며 웃어댔다. 칸타타, 칸타타, 나는 몹시 흥겨웠다.

그날 이후 내가 조금 달라졌다. 강박증이 완전히 사라지진 않았지만 누군가 옆에서 지켜본다는 느낌은 점점 멀어졌다. 무엇보다도 무얼 해도 내가 알아서 한다는 것이 중요했다. 더러워지면 씻고 지저분하면 빨아야 한다는 개념을 제대로 인식했다. '무조건'이 사라진 세상이 그토록 자유로울 줄 몰랐다.

두斗는 여전히 내겐 벗어나기 힘든 숙제이다. 그렇지만 그때와 달리 나는 두를 피하는 방법을 알고 있다. 얼마쯤 다가오면 얼마만큼 달아나고, 어디서 보일라 싶으면 눈치 못 채게 사라져버릴 수 있다는 것. 비 내리던 그날처럼 칸타타, 칸타타, 나는 많은 것들이 자유로워졌다. 두가 갑자기 나타나도 놀라지 않을 만큼.

경주慶州

나는 민들레 갓털처럼 어느 날 경주 땅에 떨어졌다. 아는 사람도 없고 연고도 없는 곳이었다. 가방에는 몇 가지의 옷과 세면도구가 들어있을 뿐. 택시를 타고 무작정 보문단지로 가자고 했다. 차가 출발하자 피로와 함께 며칠째 설친 잠이 일시에 몰려왔다.

H 호텔에서 사흘을 묵었다. 커튼을 닫고 꼬박 이틀을 내리 잠만 잤다. 물 마시러 일어났다가 무심코 객실 커튼을 열었을 때, 구름 같은 벚꽃이 한창이었다. 아무렇게나 풀어헤친 머리를 질끈 묶고 밖으로 나가 보문호를 따라 천천히 걸었다. 바람이 불었다. 벤치에 앉아 나와 상관없는 사람들의 웃음소리를 들었다. 행복해 보였다. 그들을 따라 해보지만 어색한 꼴이 되고 말았다.

다음 날 경주역으로 갔다. 그곳에서 자전거를 빌려 타고 불국사에 가볼 참이었다. 그런데 무엇엔가 끌려 보리사 쪽으로 꺾어 들어갔다. 고즈넉한 저녁 풍경이 아름다웠던 동네, 그곳에 나는 터를 잡았다. 대문을 들어서면 오른쪽으로 큰 감나무가 서 있고, 왼쪽에는 허름한 외양간이 있었다. 작은 마당을 통해야 마루에 닿을 수 있는데, 그 집은 방이 두 개이고 주방은 재래식이었다.

나는 그 집이 마음에 들었다. 부엌과 연결된 안방에는 앙증맞은 다락이 있었다. 다락에 떡을 사다 놓기도 하고 과일을 넣어두기도 했다. 주로 안방과 연결된 작은방에서 잠을 자거나 책을 보거나 일기를 썼다. 일부러 고른 집이 아니었는데도 나는 그 집에서 삶의 기운을 받았다. 편안했다. 그 집에 있으면 모든 것이 정지된 듯 고요했다. 전화기도 없고 텔레비전도 라디오도 없었다. 어떤 날은 자다가 내 숨소리에 놀랄 때도 있었다.

하릴없는 나는 주인 없는 강아지처럼 자전거로 경주 시내를 돌아다녔다. 다행히 돌아올 곳이 있었다. 얼굴이 벌게지도록 자전거를 타다 돌아오면 다리도 풀리고 몸도 녹아내렸다. 스르르 초저녁잠에 빠진 어느 날, 천둥 치는 소리에 화들짝 잠에서 깼다. 밖은 비가 내리고 있었다. 문을 열었다. 빗물이 방안으로 들이쳤다. 젖은 마당에 땡감이 하나 둘 떨어지고 있었다. 다음날은 쾌청했다. 등 뒤로 기분 좋은 햇살을 받으며 페달을 밟았다. 석굴암 쪽으로 향했다. 잠시 걸음을 멈추고 마른 목을 축였다. 상쾌한 바람, 눈 아래 펼쳐진 웅장한 자연 앞에 사람은 얼마나 왜소한 존재인가. 그때 골방에서 울던 어릴 적 내 모습이 떠올랐다.

대학 입시가 끝나고 하루 사이에 불어 닥친 집안의 불행은 나를 절망케 했다. 출산한 지 얼마 안 된 둘째올케가 경운기 사고로 한쪽 다리를 절게 되었다. 여동생을 만나고 돌아가는 사돈을 막내오빠가 오토바이로 모셔다 드리겠다고 함께 타고 가다가 한겨울 모래 적설장을 들이받았다. 사돈은 수차례 성형수술로 전혀 다른 얼굴이 되었고, 막내오빠는 두 번의 뇌수술로 생사를 오갔다. 큰오빠와 둘째오빠는 많은 땅을 헐값에 내놓아야 했다. 그 후 서울에서 셋째언니가 상의도 없이 간호학원에 접수를 해 놓고 나를 불렀다. 강동구의 어느 병원 응급실에서 일하던 나는 결핵에 감염되었다. 약물치료와 왼쪽 쇄골 임파선 수술로 20대의 대부분을 병원을 오가며 보냈다. 하는 일도 없이 엄마한테 용돈을 받아 썼다. 서른다섯 살쯤 되었을 때, 동생은 내게 가시 돋친 말을 던졌다. 언제까지 엄마 등골을 빼 먹을 거냐고, 나 때문에 그동안 자신이 포기한 일들이 얼마나 많았는지 알고는 있느냐며 울먹였다. 온몸이 굳어져 나는 어떤 말도 할 수 없었다. 혼자서는 아무것도 할 수 없는 내가 벌레로 보였다. 병病 뒤에 숨은 내 자신이 너무도 비겁해 보였다. 휴지처럼 구겨서 아무데고 나를 버리고 싶었다.

어떻게 살아야 할까? 산다는 것은 무엇인가? 나는 무엇이 되어야만 하는가? 백지처럼 머릿속이 온통 하얘졌다. 임어당(1895-1976)은 목적이나 의미가 인생에서 반드시 존재해야 하는 것은 아니라고 말했다. 큰딸이 결혼에 실패해 집으로 돌아와 자살을 했을 때도 "이 세상 인간에게 주어진 목숨은 오직 하나뿐, 그렇기 때문에 온갖 방법으로 그것을 누려야 한다."고 말하지 않았던가.

나는 목숨을 생각했다. 삶은 의지가 없어도 호흡을 가능케 한다. '살아 있는 것만으로도 족하지 않은가."라던 어느 시인의 음성이 환청처럼 들려왔다.

보리사 스님이 가끔 마을로 내려와 나를 찾았다. 속세 나이로 본다면 나보다 많아야 열 살쯤 더 들어 보이는 스님은 목소리만 아니라면 남성으로 착각할 상이었다. 그분은 내게 장기를 두자고 했다. 한치 앞도 내다보지 못하는 나는 매번 장기에서 졌다. 지는 장기였지만 재미났다. 장기판에서 스님의 길을 읽어갈 때는 진지해졌다. 그분은 내게 힘들 때는 무작정 도망치려 하지 말고 그것 안에서 견디는 연습을 해보라고 권했다. 사는 것이 알고 보면 특별할 것도 없다면서 그냥 재미나게 살라고 했다. 나에 대한 모든 답은 내가 가지고 있다면서 당신 손바닥을 내 손등에 올리고 꾸욱 눌렀다. 그곳에서 나는 가을이 다 가기 전에 짐을 쌌다. 스님과는 어떻게 작별 인사를 나누었는지 기억나지 않는다. 우리는 더이상 만나지 못했다.

나는 아직 경주를 쉽게 말하지 못하고 살아왔다. 애써 기억하려고도 하지 않았다. 돌아보면 내 안의 어떤 가슴의 공동空洞처럼 블랭크 같은 시간이었다. 그곳에서 내가 한 일은 아무것도 없었다. 책을 읽었지만 기억에 없고, 그곳 사람들과 사귀었지만 떠나오면서 그만이었다. 자전거로 달렸던 거리도 이젠 가물거린다. 경주에서의 나는, 그야말로 빈 칸으로서의 존재였다.

15년이 더 지났다. 기억에 선명한 건 스님과 툇마루에 앉아 장기 두는 장면만 아득히 떠오를 뿐이다.

| 작가노트 |

섬

어울림에 서툰 나는 스스로 섬이 되곤 했다. 어쩌다 무리 속에 있어도 실제는 혼자였다. 견디는 것과 익숙해지는 것은 종이 한 장 차이, 그 시간과 마주하며 기다림을 배웠다.

섬은 물이 들어와도 빠져나가도 쉬 흔들리지 않는다. 제자리 지키며 자신을 다듬을 뿐. 내면의 얼음을 깨는 건 그래서 어려운 일. 새로운 경험으로 가슴 설레는 상상은 언제나 벅찬 일.

살점이 떨어져도 새살이 돋을 거라는 희망은 나만의 섬이 되고 싶은 간절한 바람. 고립은 선택하는 것이 아닌 운명처럼 다가오는 것. 나에게 수필은 온전한 섬으로서 유일하다. 나를 닮은 그림자와 섬 안의 섬이 되고픈.

수상작

송복련

붉은 달

취약지구

노을 치마와 하도롱빛 소식

작가노트

꿈꾸는 섬

송복련

「수필과비평」(2003) 수필, 「인간과문학」(2017) 시 등단. 제36회 한국수필문학상 수상. 수필집: 「무심한 듯 따뜻한」 외 3권, 시집: 「꽃과 노인」

붉은 달

섬 하나가 해를 삼키고 있었다. 노을 속을 달리던 막배는 우리 세 사람을 부두에 내려놓고 떠났다. 어둠이 비렁길을 타고 포구로 내려오는 중이었다. 이렇게 빨리 어두워지다니. 숙소를 알아보느라 전화를 거는 중에 하나뿐이던 식당마저 문이 잠기고 사내가 트럭에 오르자 부릉 소리만 남기고 떠나버렸다. 트럭이 사라진 곳에는 시커먼 어둠이 짐승처럼 엎드린 채 두 눈에 불을 켜고 깜빡거릴 뿐이다.

웬일일까. 몇 군데 전화를 건 민박집에서는 영업을 하지 않는다는 말이 메아리처럼 돌아왔다. 예상치 못한 일이다. 우리들은 어느 때부터인가 숙소만은 미리 예약하지 않았다. 현장에서 눈으로 보고 결정하는 것이 실패가 적었고 선물처럼 뜻밖에 만남을 즐기기 위함이다. 해풍에 시달려 낡아가는 집에서 배낭을 풀고 밥상과 마주할 때 비로소 섬을 느낀다. 바다에서 건져 올린 생선과 조개, 손바닥만 한 텃밭에서 거둔 푸성귀들로 차린, 어머니의 손맛 같은 상이면 좋다. 빨랫줄에는 간제미와 우럭, 붕장어들이 꾸덕꾸덕 말라가고 섬사람들과 사는 이야기도 건네면서 하루 이틀쯤 묵어야 섬 여행은 충만해진다. 때로는 파도소리를 이명처럼 들으며 섬의 적막 속에 잠기기도 하고 모퉁이를 돌 때마다 불쑥불쑥 얼굴을 내미는 풍경에 연신 감탄사를 터트리는 일은 우리들이 즐기는 오래된 여행방법이다. 막배가 처음인 그날 우리들은 텅 빈 주차장에 우두커니 남아 있었다. 섬 하나라도 더 보겠다고 욕심을 부린 탓이다.

어둠에 갇힌 우리는 숙소를 구하지 못해 마음이 급해졌다. 민박집 전화 목소리에 매달렸다. 자칭 머슴이라고 말하는 사내는 차가 없어 데리려 올 수 없다고 한다. 마지못한 듯 호출택시를 일러주는데 속내가 무엇일까. 혹시 늦게 도착한 여행객을 주인 모르게 따로 챙기려는 심사인가. 무얼 믿고 얼굴도 모르는 남자를 찾아 보이지 않는 어둠 속으로 가야 하는지. 깊은 어둠 어디쯤에 마을이 있기나 할까? 윤곽도 잡히지 않는데 선택의 여지가 없는 우리는 서로를 울타리처럼 여기며 기다렸다. 여자 운전기사다. 반가웠다. 면 소재지와 숙소와의 거리며 다음 날 버스 시간에 맞추려면 몇 코스의 비렁길을 걸을 수 있는지 궁금한 것들을 봇물처럼 쏟아내었다.

불을 밝힌 자동차가 어둠의 터널 속을 오르락내리락하는 동안 차창 밖으로 시선을 돌렸을 때다. 보름달이 병풍 위의 달처럼 둥두렷하다. 감청색 치마폭에 번진 핏방울 같은 붉은 달이다. 사진을 찍을 겨를도 없이 숲으로 사라졌다 나타나는 달과 숨바꼭질하는 사이, 차는 두포항가에 도착했다. 다음날에야 알게 되었다. 그날 내 가슴을 온전히 채웠던 달은 200년 만에 볼 수 있는 달로 월식을 하는 중이었다. 내 생에 다시 볼 수 없는 귀한 순간이었다. 지구의 그림자에 들어간 달이 반사된 태양빛으로 붉게 물들고 있었다. 달의 아랫부분이 어두워지는 걸 본 나로서는 평생 다시 만나지 못할 달 하나를 품게 되었다.

머슴이라던 사내가 시커멓게 서 있었다. "이런 밤중에 다니지 말아요. "여자 셋이서 밤중에 막무가내로 찾아들었으니 철딱서니 없는 여행자에게 보내는 따끔한 충고가 미덥다. 허술한 간판에 비해 방안은 청결하다. 밥걱정을 하는 우리들이 딱했나 보다. 자신이 먹던 대로 차린다더니 뜻밖이다. 이 시간에 밥해주는 식당들이 없는 걸 아는 그는 갈무리한 것들로 상을 차렸다. 담 너머 이웃이 건넨 황숭어리젓에 버무린 포기김치와 파김치, 입맛 없을 때 먹으라던 고추 마늘장아찌들을 밑반찬으로 깔고 배추 속을 쌈으로 씻어 두었다. 그날 잡은 조기새끼로 굽고 조리고 뿔소라와 문어는 얄팍얄팍 썰어 놓았다. 생각지도 못한 남자의 성찬을 받고 가슴이 뭉클했다. 요리는 누가 하는지 물었더니 혼자서 다 한단다, 아내와 따로

산 지 십여 년이라고 덧붙였다. 일 년에 두어 번 만난다니 갑자기 사내가 불쌍해졌고 얼핏 문단속을 떠올린 듯도 하다.

우리들의 말씨로 미루어 짐작한 그는 이야기가 고팠던지 대구에서 보냈던 일들을 털어 놓았다. 장꿩이라는 우스꽝스런 별명처럼 객지를 떠돌며 직장생활을 했던 곳이 마침 같이 온 친구들이 사는 곳이 아닌가. 이십여 년의 경력들이 쏟아져 나오자 신상명세서를 보듯 그의 신분이 드러났고 얼기설기 얽힌 인연의 고리들이 서로 맞닿아 있었다. 그리고 그가 태어난 곳을 떠났다가 다시 고향으로 돌아온 이유까지 풀어놓았다. 한참이나 외로운 이 남자는 신앙생활을 하며 경로당 일과 마을 일을 거들며 산다. 젊은 날에 기증하고 남은 반쪽 신장을 다스리면서. 아득한 인연의 끈이 이곳으로 우리를 불러들인 것인가. 후식으로 뒷산 감나무 밭에서 따온 단감과 홍시를 수북수북 담아내놓으며 다음날의 빠듯한 시간을 위해 지도를 내놓고 일정을 짜주었다. 무거운 배낭은 우리가 산행을 마치는 지점까지 오토바이로 실어주기로 했다. 사람을 알아가는 것 또한 여행의 맛이다. 집 떠나면 고생이라지만 새로운 인연과 정을 나누는 훈훈한 분위기는 다음날까지 이어졌다. 고양이 가족 5대가사는 그 민박집과 만남은 예상치 못한 만남이었다.

두런두런 이야기 끝에 언뜻 스쳐간 필름 한 장은 무슨 뜻일까. 깊은 눈길을 보내며 바라보는 그 남자, 어디서 많이 본 듯한 그는 운전석 옆자리에 비스듬히 기대고 있다. 오래 기다려준 사랑을 차마 밀어내지 못하고 두 손을 꼬옥 잡았다. 떨리는 사랑의 순간에 눈을 떴다. 옆자리에 누웠던 친구가 화장실 불을 켰기 때문이다. 꿈이었다. 가만히 얼굴을 떠올려 본다. 주말 드라마에서 보던 얼굴인가. 오지 않는 사랑을 애타게 기다리는 그가 안쓰러웠던가? 아니면 딸의 아이를 돌보는 아내와 생이별하고 사는 부부 사이가 안타까웠을까? 고향의 선산 아래에서 남은 생을 보내는 남자는 생의 마지막 자서전을 쓰고 있을지도 모른다. 세상에서 가졌던 이름들을 모두 내려놓고 오직 하늘로 가기 전 마을의 허드렛일들을 도맡아하며 섬을 돌본다. 뒷산 감나무밭 둥시감처럼 주렁주렁 사랑이 열리는 걸 보았다. 뜻밖에 그의 사랑을 받아먹고 충만해진 이번 여행은 그날 저녁 보았던 붉은 달처럼 특별한 경험이었다.

또 다른 섬 여행을 꿈꾼다. "어린아이처럼 그 앞에서 가슴 설렌다면 그것이 행복이다."라는 괴테의 말을 떠올리며 또 다른 섬을 고르느라 설렌다.

취약지구

어떤 말은 광속으로 귓속에 와 박힌다. 우리들이 교정을 막 끝내고 뭉그적거릴 때 그녀가 뱉은 말이 급소를 건드렸다. 붉은 입술이 '뱅쇼'라고 말하는 순간 머릿속으로 어디선가 앵무새 한 마리가 날아온 듯 낯선 이미지들이 꽃을 피운다. 나의 취약지구를 건드린 말맛이 침샘을 건드렸다.

찻잔에는 붉은 와인에 잠긴 레몬, 사과, 배, 오렌지가 시나몬과 어울려 울긋불긋하다. 베일 속에 아른거리는 이국적인 맛을 상상하며 말맛에 취해 버린 나는 새큼달큼하고 진한 와인을 연신 음미하는 동안 온몸이 달아올랐다. 그녀가 욕심을 부려 와인을 좀더 많이 넣은 탓으로 꽁꽁 얼었던 내 마음이 제대로 풀려버렸다.

나중에야 알게 된 일이지만 뱅쇼는 북유럽인들이 혹독한 겨울에 몸을 덥히기 위해 마시는 와인으로, 우리가 진한 쌍화탕을 마시며 몸살감기를 다스리는 것과 닮았다. 프랑스어로 뱅(vin)은 '와인'을, 쇼(chaud)는 '따뜻한'이라는 뜻을 가지고 있어 '따듯한 와인'을 의미한다. 나라마다 다른 이름으로 불리며 나름대로 겨울나기를 해온 전통적인 음료였다. 축제나 가족행사가 있는 날에 즐겨 등장하는데 특히 크리스마스트리가 거리를 장식하고 캐럴이 울려 퍼지면 거리 곳곳에서 향긋한 이 냄새를 맡을 수 있다고 한다.

내가 언어에 쉽게 빠지는 것은 무기력한 도시생활에서 생기를 되찾고 싶을 때이다. 입술을 떠난 말은 낯선 여행지를 서성거렸던 때를 떠올리게 했다. 비엔나 호텔의 노을빛 테라스는 무척 낭만적이었다. 우리들이 모히토를 마시며 바라보던 달팽이 모양의 계단은 또 다른 세계로 가는 입구처럼 보였다. 라임 즙에 설탕과 민트 잎을 넣고 잘게 부순 얼음과 럼을 넣어 만든 칵테일, 톡 쏘는 그 맛에 홀렸다. 헤밍웨이의 전설 한 조각을 일구어낸 '라 보데기타' 선술집을 이야기하며 꿈같은 세계에 머물렀다.

멕시코 칸쿤에서 카리브해를 바라보며 서 있을 때도 그랬다. 우리들에게 데킬라를 권하던 사내의 말대로 우리는 하루쯤 죽어볼 요량으로 데킬라를 마셨다. 술에 취했는지 말에 취했는지 모르지만 밤하늘에 별들은 몽롱하게 흐렸다. 처음으로 유럽여행을 떠날 때였을 것이다. 기내에서 주문한 코냑이 작은 유리잔에 담겨 나왔다. 코냑을 조금씩 홀짝거리는 동안 마음은 어느덧 센 강을 거닐고 있었다. 실은 술에 대해서는 잘 모른다. 맛본 술은 그저 열 손가락 안에 들 만큼 얼마 되지 않지만 몽상가처럼 어떤 말은 이렇게 미리 도착해서 취해버리게 만들었다. 아마 말은 내게 있어서 가장 취약지구인가 보다. 자주 말 속으로 흘러드는 나를 발견한다.

나는 도시의 사냥꾼처럼 여기저기 돌아다니기를 좋아했다. 그건 코로나 상황이 오기 전의 일이다. 눈요기하다 걸음을 멈추거나 불쑥 가게 문을 열고 들어가 만만한 물건 하나 사들고 나오기도 하고 좁고 오래된 골목길을 지나며 손바닥만 한 살피꽃밭에 핀 달리아, 맨드라미를 눈으로 쓰다듬는다. 옥상 빨랫줄에 속옷들이 널렸을 때 빠져나간 몸뚱이를 생각하며 피식 웃거나 공중화장실에서 낙서를 하고 두리번거렸을 사람이 너인 듯도 하고 아니기도 하여 눈길을 거두어 버리든지. 미술관처럼 늘 사냥감을 수확하지는 못해도 산책 자체가 즐거움이다. 어쩌면 내가 사냥에 홀려 정신을 팔고 있을 동안 다른 이들도 어딘가에 골몰하며 정신없이 지내기에 특별히 나에게 신경을 쓰지 않는지도 모른다. 오히려 그물망처럼 엮인 사람들의 관계가 도시에 생기를 불어넣어 활기를 띠게 하는 것이리라.

마스크를 하고 거리 두기를 한 지 두 해가 지나고 있으니 여기저기 삐걱거리는 소리가 들린다. 주방에서 요리를 하고 공장에서는 콤바인더에 실려 오는 상품의 하자를 살피고 건물 공사장이 분주하게 돌아가야 하지만 노동이 점점 사라지고 있다. 사람과 거리 두기로 나의 관계망도 거의 끊어진 상태다. 이제 뭘 먹고 뭘 하지? 곳간을 비우며 사는 거다. 그동안 넘치던 지방을 태워 없애는 일이고 연명하며 구조를 기다리는 일이랄까? 질병은 마음먹은 대로 해결되기 어려운 일로 여기저기 툭툭 신경 줄이 끊어지고 있다. 숨구멍을 조금 열어 놓았지만 딱히 갈 곳이 없는 우리는 자리에서 뭉그적거릴 뿐이다. 달콤한 것이 생각났다. 몸과 정신이 몸살을 앓고 있는 지금 '뱅쇼'가 꿀꿀한 기분을 떨쳐버리고 생기를 되찾아 주었다. 그러고 보면 낯선 기분을 즐기게 된 것도 상한 몸과 마음을 속풀이해 주는 말 때문이었다.

이런 날에는 첫눈이 내렸으면 좋겠다. 나는 곧 어딘가 전화를 걸려고 하다가 망설일 것이다. 내 빈자리로 찾아오는 한 번도 말 건네지 못한 당신에게. 부옇게 흐린 하늘에서 눈송이가 하나 둘 가볍게 날리는 하늘을 바라보고 싶다. 언어에 꽂히는 내가 가진 도구는 펜뿐이다. 도시의 사냥꾼은 사냥 뒤에 남길 것들을 생각한다.

노을 치마와 하도롱빛 소식

마음을 담아 보내기 좋은 그릇으로 편지만 한 게 있을까. 아름다운 편지들이 많지만 그중에서도 노을빛 치마에 적어 보낸 편지와 하도롱빛 봉투의 우련한 빛이 감성을 건드린다. 노을 치마가 눈앞에 한동안 너울거렸다. 다산은 왜 편지에다 노을 치마라는 이름을 붙였을까?

> 산바람 불어와 가랑비 뿌리는데/ 서로가 가기 싫어 망설이는 듯하구나

이 시를 남기고 강진으로 떠난 남편과 이별한 지 7년이 지났을 무렵이다.

눈서리 찬 기운에 수심만 더욱 깊어지네/ 등불 아래 한 많은 여인이 뒤척이며/ 잠 못 이루고 그대와 이별한 지 7년/ 서로 만날 날이 아득하기만 하구나

이별 뒤에 그리움을 담은 시를 지어 시집올 때 입었던 빛바랜 다홍치마와 함께 남편에게 보낸 부인 홍 씨의 편지다. 병든 아내가 보내온 다홍치마는 이제 해 질 무렵의 노을빛으로 바랬다. 언제 돌아올지 기약할 수 없는 생이별을 했으니 서로 걱정은 얼마나 되었으며 보고 싶은 마음은 병이 되었을 터. 아비 없이 혼자 자식들을 돌보는 아내를 위해 다산은 첩帖을 만들기로 했다. 멀리서나마 자식들에게 가르침이 되는 글을 적어 보내려고 그 치마폭을 마름질해서 작은 책자로 묶었다. 그것이 하피첩霞帔帖이다.

30년 전 혼례날에 신부의 다홍치마를 떠올리며 다섯 폭 비단치마를 뜯어 만드는 지아비의 애틋한 심정은 짐작하고도 남는다. 부부의 마음이 모아진 선물이다. 두 아들에게는 선비의 덕목으로 책읽기를 권했고 어려움을 견뎌낸 두보의 시를 익히도록 당부했다. 어린 딸은 어느덧 혼담이 오가는 나이가 되었으나 딸을 보지 못하는 마음은 오죽할까. 다홍치마 폭에 화조도를 그려 부친다. 흰 매화꽃 가지에는 새 두 마리가 다정하게 한 방향을 바라보며 정답다. 부부가 평생 오순도순 행복하게 살라는 아버지의 사랑이 느껴지는 선물이다. 대학자이지만 집에서는 다정다감한 지아비요 아비였다. 꽃다운 나

이는 어느덧 황혼으로 접어들었으니 만감이 오갔으리라. 신부의 혼례복인 붉은 치마는 이제 노을빛으로 빛이 바랬다. 노을 치마는 노년의 부부 사랑에 대한 아름다운 은유였다.

내 서가에는 오래도록 귀퉁이에서 잠자는 책이 한 권 있다. 빛바랜 『이상 전집 제3권 수필집』을 보니 이제 골동품 수준이다. 버려지는 책더미에서 주운 사십 년도 전의 책을 차마 버리지 못한 채 나와 함께 나이가 드는 중이다. 오늘은 책 기담을 읽다가 이 책이 떠올랐다. 누렇게 바래고 표지가 누덕누덕한 책을 펼쳐 드니 묵은 냄새가 훅 끼쳤다. 단기 사천이백팔십구년 초판 인쇄 정가 900원이다. 속지에 귀한 사진이 두 장 실렸다. 하나는 이상의 중학교 졸업사진이고 또 하나는 제비다방 개업 기념 때 촬영한 가족사진으로 흐릿하다. 목차를 넘기니 첫 수필 「산촌 여정」이 세로글씨로 인쇄되었다. '성천 여행 중의 몇 절'이라는 부제가 붙은 글은 국한문 혼용체다. 흐릿한 눈으로 더디 읽어 내려가니 한 글자 한 글자 새기듯 박히는 맛이 있다.

향기로운 MJB의 미각을 잊어버린 지도 20여 일이나 됩니다. 이곳에는 신문도 잘 안 오고 우신부는 이따금 「하도롱」빛 소식을 가져옵니다.

나는 첫 문단에 그만 붙들렸다. 객줏집에서 석유 등잔을 켜 놓고 소년 시절을 그리워한다는 글들은 나중에 볼 일이다.

'MJB와 「하도롱」빛 소식'이 궁금했기 때문이다. 편지 형식의 이 수필은 요양차 친구의 고향인 평안북도 성천에 갔을 때 경험을 바탕으로 쓴 글이다. 이상은 커피를 무척 좋아했다. 그래서인지 몇 개의 다방을 열게 되는데 다방 '제비'를 모르는 이는 없을 듯하다. 얼마 뒤 폐업하고 '쯔루(학)', '무기', '69'등 잇달아 열지만, 그 역시 얼마 가지 못했던 것 같다. 여기서 MJB는 미국산 커피 이름으로 설립자의 머리글자를 따왔다고 한다. 이상은 금홍과 제비다방을 열고 문학을 전공하는 사람들과 인연을 맺었다. 갈 곳 없는 예술인들의 아지트가 되었던 다방에서 커피를 즐겨 마시며 문학적 담론을 나누었던 터라 도시적 이미지를 풍긴다. 반대로 성천은 함경북도의 한적한 시골로 우체부마저 뜸하게 소식을 전한다. 하도롱빛은 어린 시절 보았던 누런 편지 봉투를 말하는 모양이다. 사전을 찾아보니 "누르스름하고 질긴 종이로 포장지나 봉투를 만드는 데에 쓴다."고 되어 있다. 하도롱빛 소식에 하롱하롱 꽃잎 지는 풍경이 떠오르고 창호지에 달빛이 어룽거리거나 여명이 어리듯 아름나운 환상을 불러일으켰다. 한참 멀리 나가긴 했지만 오래된 이미지를 나타내는 빛깔로 아름답고 은은하다. 빛이 옅어지고 흐릿해지면 비록 색감은 떨어지나 켜켜이 쌓인 사연들이 스며들듯이 예스러워서 좋았다. 누렇게 바랜 이상의 수필집은 이제 하도롱빛으로 불을 밝힌다. 글은 더 나가지 않아도 충분했다.

오늘 나는 편지와 관련된 두 단어에서 아름다운 빛깔과 만났다. 노을빛 치마와 하도롱빛 소식은 그리움의 빛깔이다. 멀어서 아득해진 곳의 소식들이 아련히 피어오르는 그런 빛깔은 옛날을 그리는 내 마음과 같아서 훈훈해지는 하루다.

| 작가노트 |

꿈꾸는 섬

사람들 사이에서 나를 흔들었던 날의 이야기들이다. 무심코 흘린 말에 홀리거나 손때 묻어 오래되거나 멀리서 손짓하는 섬에게 마음을 빼앗겼다.

며칠 휘적휘적 다니다가 집안에 들어앉는다. 마음이 고요해진 나는 흐트러진 집안을 정리하거나 책장을 넘긴다. 뜻밖의 문장과 조우하며 메모를 하는 동안 마음 바닥에서 기포처럼 올라오는 에너지에 화르르 불꽃이 인다. 나는 조심스레 다독인다. 덜 여문 문장들을 쓸어 담지 못해 뒤척거리다가 그 일도 신통찮으면 다시 밖으로 나간다.

창작의욕이 바닥일 때는 섬으로 간다. 멀리서 손짓하는 섬. 두 발로 걸으며 온몸으로 섬을 받아들이는 순간을 좋아한다.

그곳에서 며칠 묵으며 섬사람이 되어보는 거다. 섬의 이모저모가 잔불로 남거나 처음 발견하는 강한 인상이 글로 남았다. 끝없이 밀려오는 파도의 갈증에 답하는 갯벌처럼 나는 몇 줄의 글을 쓰며 생기를 되찾곤 한다.

수상작

진해자

아버지의 연장통

숨어 우는 야고

고향집 밤나무

작가노트

끝내, 찬란한 봄

진해자

『대한문학』(2008), 『수필과비평』(2017) 등단. 포항 스틸 에세이 금상. 제주어문학상, 등대문학상 수상. 수필집: 『기다리는 등대』

아버지의 연장통

석공의 손에 들린 메가 허공을 향하여 솟구친다. 순간 석공의 눈이 번쩍이며 치켜든 팔과 다리에 잔뜩 힘이 들어간다. 석공은 조금의 망설임도 없이 커다란 바위를 향하여 거침없이 내리친다. 십재만 한 바위가 금이 가고 반으로 쪼개질 때까지 메질은 계속되었다.

어릴 적 아버지를 따라 야산에 자주 갔다. 아버지의 일터는 곧 나의 놀이터였다. 돌을 깨고 다듬어서 원하는 물건을 만들어 내는 것을 보며 자랐다. 커다란 돌에 정으로 홈을 파고, 그 홈에 비김쇠를 끼워 수없이 메질한다. 꿈쩍하지 않을 것 같던 돌덩이가 신기하게 두 동강으로 갈라진다. 두 동강난 돌을 다시 깨고 정교하게 다듬는다. 주위가 어둑해지도록 돌 깨는 소리는 귓전에 맴돌았다.

돌을 다루는 일에 지식이 없는 아버지가 누구에게 배웠을 리 없다. 낙차落差의 힘을 이용하여 부수고 다듬으며 본능적으로 작업을 하지 않았을까. 커다란 바위를 깨트리고 큰 돌을 기술적으로 옮기는 모습을 보면 어린 마음에도 작은 체구의 아버지가 천하장사처럼 보였다. 돌 일을 하는 데 많은 시간을 공들였지만, 물건이 마음에 들지 않으면 좌절도 많이 했을 것이다. 하지만 아버지는 손에서 연장을 놓은 적이 없다. '쩡쩡' 돌 깨는 소리는 어둠을 밀어내는 새하얀 시간이 되었다.

시간이 흐를수록 정을 잡은 손이 돌처럼 딱딱해져 갔다. 젊은 사람도 들기 힘든 무게를 매일 감당하다 보니 굳은살이 박여 점점 거칠어졌다. 어쩌면 살아오는 동안 아버지의 마음에도 굳은살이 박였을지 모른다. 짓무르고 터지고 다시 아물기를 반복하며 견뎌온 시간이 낡은 연장통처럼 예스럽고 묵직하다.

아버지의 등에는 늘 연장통이 지어져 있었다. 나무로 만든 사각 연장통은 삶의 일부였다. 아무리 무거워도 내려놓을 수 없는 짐이다. 모양도 다르고 이름도 달랐지만, 어느 것 하나 없어서는 안 될 물건이다. 먹줄, 정, 비김쇠, 메 등 대부분이 쇠붙이로 되어있어 무겁고 투박했다. 무거운 짐을 지고 돌이 있는 곳을 찾아다녔을 두 다리는 성할 날이 없었다. 비틀거리면서도 결코 쓰러지지 않았다. 어떤 날은 잘못된 망치질에 손가락이 뭉개지고 어떤 날은 무너지는 돌무더기에 짓눌려 다리를 다치기도 했다.

연장통은 다솔식구의 밥줄이었다. 부서지고 무너져도 다시 일어나 연장을 들었다. 무거운 쇳덩이가 하늘로 치솟을 때마다 어린 자식의 눈동자도 따라 올라갔다. 하루도 놓을 수 없는 석공 일은 남은 생의 소리 없는 전쟁터였다. 젊은 시절 품었던 꿈과 용기와 패기를 낡은 연장통 속에 꼭꼭 담아두고 자식을 위해 참고 견디는 고통의 나날을 보냈다.

하루는 학교에서 돌아와 보니 아버지가 마루에 대자로 누워계셨다. 약주를 과하게 했는지 많이 취해있다. 인기척을 느끼고 일어나서는 어린 나를 끌어안고 소리 없이 눈물을 흘린다. 내심 무서웠지만, 조그만 손으로 아버지의 등을 토닥였다. 어린 마음에도 괴로움에 아파하는 마음을 읽을 수 있었다. 저녁이 되자 어머니가 밭에서 돌아왔다. 부모님의 대화에서 낮에 나를 끌어안고 흐느꼈던 이유를 알았다.

아버지는 이웃 마을 지인의 소개로 일을 도거리로 맡고 몇 달을 쉬지 않고 일했다. 공사가 거의 마무리되어 가는 시점에 그 집 사정으로 공사대금을 거의 못 받게 되었다. 재료비와 인부들 인건비도 계산해야 하는데 고지식한 아버지는 얼마나 막막했을까. 아버지의 속앓이는 좀처럼 가라앉질 않았다. 매일 반복되는 '하루'라는 술잔에 삶의 고통과 우울과 불안을 따르고 단숨에 들이켜곤 했다. 돌 일이 얼마나 힘들었을지 짐작이 간다. 집을 짓고, 울타리를 쌓고, 산소 주위에 담을 놓는

일까지 아버지의 손길이 닿지 않은 곳이 없었다. 돌을 한참 쌓다가도 본인 마음에 들지 않으면 허물고 다시 쌓는다. 그런 분이 일한 대가를 받지 못했으니 그 고통은 몇 배로 컸으리라. 발부리에 차이고 뒹구는 돌멩이처럼 아버지의 삶도 고달팠다. 무너지면 쌓고, 쌓으면 또 무너지고 그렇게 아버지의 시간이 지저깨비처럼 켜켜이 쌓여 갔다.

돌을 다듬을 때 떨어져 나오는 부스러기나 잔 조각을 지저깨비라 한다. 쓸모없다고 버리는 사람도 있지만, 아버지는 어느 것 하나 쓸모없는 건 없다며 허투루 버리지 않았다. 돌을 쌓을 때 생긴 공간을 막고 균형을 맞추기 위해 꼭 필요하다고 했다. 버리면 쓸모없는 것이지만, 잘 쓰면 훌륭한 재료가 되었다. 아버지의 젊은 시절 야망과 꿈이 가족의 생계를 위하여 닳아지고 깨지며 지저깨비가 되었지만, 결코 헛된 시간이 아니었음을 힘주어 말하는 것 같다.

한번 쪼개져 나가면 다시 붙일 수 없는 게 돌 작업이다. 조금만 실수해도 그 돌은 쓸 수 없게 된다. 힘들게 공들였지만 버려야 할 때면 아버지의 속도 산산이 부서졌다. 그런 연유로 돌을 깎고 다듬는 순간은 여느 때보다 신중했다. 온 정신을 가다듬고 서두르지 않았다. 마음에 들지 않으면 식사하는 것도 잊은 채 열 번이고 백번이고 두드리고 또 두드렸다.

바닷가에 있는 자갈이 부딪치고 멍들며 조금씩 윤이 나는 것처럼, 시련을 참고 이겨낸다는 것은 훌륭한 작품을 만들기 위해 모난 곳을 수없이 쳐내는 돌 작업 같다. 모난 생각과 비

뚫어진 마음이 고개를 들 때마다 정교한 작품을 위해 백번 넘게 망치질하는 아버지를 떠올린다. 공들이지 않으면 뛰어난 작품은 만들어지지 않는다. 돌 작업을 할 때만큼은 아버지가 세상에서 가장 멋져 보였다. 매 순간 최선을 다하는 모습은 아무렇게나 툭툭 놓아도 제 있을 자리에 있으면 아름답게 보이는 오래된 돌담 같다.

고개 들어 멀리 있는 야산을 바라본다. 젊은 시절 무거운 메를 들고 큰 바위를 향해 힘차게 내리치던 아버지의 모습이 눈앞에 아른거린다. 아버지는 닳아버린 연장통을 저무는 해를 등지고야 겨우 내려놓았다. 주인을 잃은 연장통 위로 세월의 더께가 자꾸만 쌓여 간다. 아버지가 옆에 계셨으면 굳은살 박인 손에 가만히 입을 맞춰 드리련만….

숨어 우는 야고

하나의 풍경에 시선이 닿았다. 억새와 억새 사이에 가느다란 거미줄이 바람에 낭창거린다. 거미줄은 바람의 기세에 금방이라도 끊어질 것처럼 위태위태하다. 중앙에는 몸집이 작은 거미가 제집을 지키겠다는 듯 다리를 쫙 벌려 버티고 섰다. 미동도 없이 당당히 맞서는 모습이 듬직해 보인다. 바람을 피해 억새 사이로 숨을 만도 한데 한참을 지켜봐도 물러서는 법이 없다.

거미줄 주위를 둘러보았다. 하얗게 감싸져 있는 것이 억새에 의지한 채 꼭 붙어 있다. 알집이다. 거미는 알을 지키기 위해 거친 바람과 맞선다. 죽음이 다가옴을 본능적으로 느끼고 가느다란 실이 어딘가에 닿을 때까지 삶의 영역을 구축한다.

거미는 곧 태어날 새끼들에게 오롯이 몸을 내어주고 마지막 숨을 거둘 것이다. 작고 여린 곤충이지만 제 새끼를 지키고자 하는 마음이 눈물겹다.

거미알을 훑다 보니 억새 밑둥지에 뾰족이 돋아난 식물에 눈길이 머문다. '야고'다. 억새에 더부살이하는 식물로 자그마한 키에 꽃인 듯 아닌 듯 홍자색으로 피어난 모양이 묘하게 생겼다. 고개를 푹 숙이고 있는 모습이 사람들에게 들키지 않으려고 꼭꼭 숨어 있는 것처럼 보인다. 적에게 뺏기지 않고자 새끼를 온몸으로 품어 안은 어미 같다. 억새 가장 밑둥지에 붙어 살아남고자 숨죽여 우는 야고.

가을의 정취를 느껴보고자 아끈다랑쉬오름을 찾았다. 일행은 저만치 사라지는데 나는 억새밭에 쭈그리고 앉았다. 오름을 휘감는 바람이 억새밭을 감시하듯 구석구석 할퀴고 지나간다. 속울음을 다 토해내지 못한 붉은 억새꽃이 소슬히 흔들린다. 바람에 몸을 맡겨 흔들리는 억새를 보면 제주의 아픔을 송두리째 안고 있는 듯하다. 수많은 사람이 죽어가는 모습을 지켜보면서 울음소리도 내지 못했을 터이다. 혹여 인기척이라도 들릴까 싶을 땐 거칠게 부는 바람이 오히려 고마웠으리라. 이유 없이 죽어야 하는 가엾은 목숨을 조금이라도 살리고자 밑으로 밑으로만 끌어안았을 억새의 몸부림이 처연하다.

억새 밑둥지에 붙어야 살 수 있는 야고도 가끔은 푸른 하늘이 그리웠다. 자유롭게 흘러가는 구름도 보고 싶고, 마음껏 노래하며 날아다니는 새도 되고 싶었다. 눈부신 햇살 한줌 억새 사이로 내려오면 햇살 따라 세상 밖으로 나오고 싶은 심정이 오죽했을까. 컴컴한 동굴 안에 숨어 살아야 했던 제주 사람들의 한숨이 억새 사이로 흐르면, 억새는 그저 흔들리며 발밑에 있는 야고를 더욱 감싸 안았다.

시집와서 보니 시할아버지의 자리가 비어 있었다. 시할머니는 할아버지 부재의 이유를 잊어버릴 만하면 넋두리처럼 들려주었다. 한숨에 섞여 새어 나오는 목소리는 바람에 부딪혀 서걱대는 억새처럼 언제나 파르르 떨렸다. 억새 밑둥지에 숨어 우는 야고는 젊은 나이에 혼자 아이 셋을 키우며 숨죽여 살아야 했던 할머니의 삶과 닮았다.

4 · 3사건 때 토벌대는 하도리 주민들을 도피자 가족이라는 이유로 감금시켰다가 많은 사람을 집단 총살하였다. 그것도 모자라 마을 공회당으로 모이게 한 후 남녀 여러 명을 일렬로 세워 놓고 총을 쐈다. 청년과 주민들은 토벌대의 무차별 학살을 피해 다랑쉬오름 근처의 크고 작은 굴로 피신해야만 했다.

스물일곱 살이던 할아버지도 살고자 무작정 도망갔다. 무고한 사람들이 수없이 죽어가는 것을 보며 할머니는 할아버지를 어떻게든 살려야겠다는 생각뿐이었다. 수시로 집안을 수색하고 눈에 띄면 잡아다 고문하거나 죽임을 당하는 현실 앞에서 어린 남매와 뱃속 아기를 남겨두고 집을 떠나는 할아버지의 심정은 어떠했을까.

1948년 12월 어느 날, 다랑쉬굴에 숨어 있던 주민들이 토벌대에 의해 희생되었다. 굴속에 불을 피우고 안에 있는 사람이 밖으로 나오지 못하도록 입구를 돌로 막아 버렸다. 연기에 질식되어 고통 속에 몸부림치다 목숨을 잃은 열한 구의 유골이 몇 십 년이 흐른 후 고스란히 발견되어 큰 충격을 주었다. 살고자 들어갔던 굴이 죽음의 장소가 되어버린 기막힌 사연, 그 아픔을 위무하듯 다랑쉬굴 앞을 지나는 바람 소리가 서늘하다.

쉴 새 없이 억새를 흔들던 바람마저 잠들어 버리면 야고는 너무나 외로웠다. 억새가 있어야 살 수 있는 기막힌 운명이지만, 어린 자식을 위해서는 어떻게든 견뎌야 했다. 구름 사이로 새어 나오는 희미한 달빛에 의지해 하루하루를 버텼다. 삶과 죽음을 모른 채 60년이 흘러버린 할머니의 지난한 세월, 바람에 대문이 달그락거릴 때마다 남모르게 가슴앓이했을 마음이 자닝하다.

할아버지의 숨결이 억새 사이로 사라지고 말았다. 의지가지 없이 텅 비어버린 가슴을 메울 수 있는 건 아무것도 없다. 야속하게 흘러버린 시간 속에 덩그마니 남겨진 야고는 허옇게 세어가는 억새를 안쓰러워하며 은결든 마음을 달래본다. 바람을 피워도 좋고, 노름으로 가사를 탕진해도 좋고, 알코올중독이라도 좋으니 살아만 있으면 좋겠다던 할머니다. 할아버지를 향한 그리움이 클수록 이별의 상처는 지울 수 없는 흔적으로 남았다. 젊어서는 어린 자식 셋을 키우기 바빠 할아버지를 그리워할 새도 없었다. 농부와 해녀로 살아간다는 것은 여자이기를 포기할 정도의 말로 다 할 수 없는 힘든 노동이었다.

야고는 바람에 흔들리지 않는다. 남편 없이 혼자 살아야 하는 척박한 현실은 제주 여인의 마음을 더 올곧게 만들었다. 세찬 바람에 맞서 새끼를 지키기 위해 물러서지 않는 몸집 작은 거미처럼 어떻게든 살아야 한다는 생각으로 자식을 지켰다. 혹한의 날씨에도 얼어 죽지 않는 억새와 더불어 인고의 세월을 견디며 해마다 꽃을 피웠다. 야고는 제주의 아픈 역사 속에 지워지지 않는 존재의 흔적이다.

붉은 울음을 울던 억새꽃이 그리움의 시간을 견디지 못하고 하얗게 바래간다. 억새에 기대어 살아가는 야고처럼 할머니도 지친 등을 기댈 언덕이 필요했을 것이다. 치열하게 요동치는 시대를 살아야 했던 할머니의 삶이 억새꽃처럼 새었다. 조여 맨 하얀 머리를 풀어 헤치고 바람에 몸을 맡긴다. 억새의 꽃씨가 바람을 타고 자유롭게 날아간다. 끝날 것 같지 않던 우리의 인생도 억새와 야고의 삶처럼 자연의 한 조각일 뿐.

쉴 새 없이 불어대던 바람이 잠시 숨을 고르는지 사위가 조용하다. 낭창거리던 거미줄도 쉬어 갈 시간이다. 억새 밑 둥지에 숨어 우는 야고를 눈에 담으며 하나의 풍경에서 빠져나왔다.

고향집 밤나무

가을 하늘이 금방 쏟아져 내릴 듯 청명하다. 나무들은 저마다 노랗고 빨갛게 물들며 가을 속으로 들어간다. 마당 귀퉁이의 감나무에 수줍게 매달려 있는 홍시를 까치들이 날아와 쪼아먹고는 저 멀리 사라진다. 텅 빈 감나무를 보며 혼자 외롭게 고향집을 지켰을 밤나무를 떠올린다. 어릴 적 밤나무에 올라 휘청거리던 추억이 한 폭의 그림처럼 지나간다.

어린 시절 고향집 마당에는 하늘을 가득 덮을 정도로 몸집이 큰 밤나무가 있었다. 놀잇거리가 귀하던 시절이라 밤나무는 동네 아이들의 놀이터였다. 새들이 찾아와 노래하고 아이들 웃음소리가 가지마다 걸렸다. 커다란 나무 밑에 서서 잎

사이로 바라본 하늘은 시간이 지나도 지워지지 않는 마음속 풍경이다. 우울한 날은 혼자 나무에 올라 바람이 속삭이는 소리를 들었다. 바람은 가난한 어린 소녀의 허기진 배를 가만히 쓰다듬어 주었다. 발길에 차이고 가지가 부러져도 다시 새순을 만들어내는 밤나무는 어려운 살림을 묵묵히 일구어내는 어머니의 넉넉한 품 같았다.

해마다 초여름이면 밤꽃이 피었다. 꽃은 저 혼자 물들며 열매를 잉태했다. 비에 젖고 바람에 마르며 튼실한 열매를 품었다. 알맹이를 보호하기 위해 온몸에 가시를 세운다. 가시가 돋아난 몸이 흉하고 성가실 법도 한데 외모 따위에는 신경 쓰지 않았다. 햇볕에 그을리고 매서운 바람에 속살이 터져도 그저 새끼들이 무탈하기만 바랐다.

아무리 가시를 세워도 시련은 찾아왔다. 바람이 정신없이 부는 날이면 모질게 매달렸던 열매가 툭툭 떨어진다. 바람과 맞서 싸워보지만 떨어지는 열매를 다 안을 수는 없었다. 나무는 도사리 열매를 땅으로 돌려보내며 눈물을 삼켰다. 무르익어 스스로 벌어지기를 고대했건만, 홍역을 앓던 어린 아들 둘은 가시를 제대로 세워보지도 못하고 어머니 품을 떠나고 말았다. 속울음을 삼키는 어머니의 눈물이 뿌리로 스며든다.

우리는 나무의 가지와 잎사귀만 볼 뿐 뿌리는 보지 못한다. 가지와 잎사귀를 키우려고 어두운 땅속을 파고드는 뿌리가 얼마나 힘든지를 모른다. 나무가 튼튼히 자리 잡기 위한 시련의 시간은 힘들게 살아온 어머니의 시간이다. 오롯이 혼자 견며 내야 하는 삶 속에 잎을 다 떨구어 내고 혹독한 겨울을 감내하며 다시 봄을 기다린다.

밤톨을 땅에 심으면 싹이 난 후에도 껍질은 오랫동안 썩지 않고 붙어 있다. 어디서 왔는지 자신이 태어난 뿌리를 잊지 말고 기억하라는 뜻에서 부모의 은덕을 잊지 않는 나무로 여긴다. 아무리 잎이 무성하고 열매가 튼실해도 뿌리가 없다면 나무는 살아갈 수 없다. 근본은 보이지 않는 곳에 늘 잠재되어 있다.

어머니 뱃속에서 떨어져 나와도 연결고리인 배꼽 자리는 선명히 남는다. 우리는 가끔 근본을 잊어버리고 산다. 어머니에게 받은 몸이 온전히 자기 것인 양 함부로 여긴다. 튼튼하게 뻗은 뿌리가 있어 열매로 달릴 수 있음을 간과한다. 어려운 환경에서도 열매를 놓지 않으려는 나무의 마음을 헤아리지 못한다. 나무껍질이 아무리 단단해 보여도 아픔을 느낀다. 수없이 가시에 찔리면서도 알을 토실하게 만들어내는 밤나무는 비가 와도 젖지 않는 강물처럼 끊임없이 흐른다.

갓 심은 나무가 뿌리를 잘 내리고 튼튼하게 자랄 수 있으려면 지지대가 필요하다. 어머니는 자식이 흔들리지 않게 지지대가 되어준다. 지지대는 묵묵히 제 할 일만 할 뿐 나무가 빨리 자라기를 바라지도 재촉하지도 않는다. 열매가 알차게 여물 수 있게 모든 것을 다 내어주지만, 정작 본인은 하루가 다르게 쭉정이처럼 말라갔다.

밤알이 알차게 여물어 다 떨어진 어느 날이다. 어머니의 마른기침 소리가 평소와 다르다. 한번 기침을 시작하면 여간해서 멈추지 않는다. 나무를 흔드는 바람 소리가 점점 거칠어진다. 달려 있던 잎들이 힘을 잃고 우수수 떨어진다. 나뭇잎이 떨어지는 만큼 기침도 잦아간다. 숨가쁘게 달려온 어머니의 시간이 서서히 겨울로 접어들고 있다.

어머니를 모시고 병원을 찾았다. 고개를 갸웃거리는 의사의 표정이 어둡다. 조용히 겨울을 준비하라고 한다. 거친 비바람도 이겨내며 모질게 살아온 삶이 푸른빛을 잃어간다. 이제 내가 어머니의 지지대가 되어줄 시간이지만, 깜빡거리는 푸른 신호등은 오래 기다려주지 않았다. 산소마스크 사이로 헐떡이던 숨이 곧 빨간 신호로 바뀌려 한다. 삐–이 소리와 함께 멈춰버린 시간이 가보지 않은 또 다른 세상을 향해 천천히 걸어 들어간다.

초등학교 4학년이 되던 해에 이사 가면서 유년을 보낸 밤나무와 이별했다. 살면서 고향집 밤나무가 늘 궁금했지만 가보지 못했다. 가끔 밤나무가 있는 고향집 꿈을 꾸었다. 꿈에서는 우람하게 마당을 차지한 나무가 여전히 자리를 지키고 있었다. 무성한 가지마다 매미가 울고 새들과 곤충이 쉴새 없이 들락거리지만, 어딘가 모르게 텅 비어 있는 느낌에 잠을 깨곤 했다. 어머니의 넓은 품이 생각나면 밤나무도 그리웠다. 몇십 년이 흐른 지금, 시간을 내어 유년의 놀이터였던 고향집 밤나무를 찾아갔다.

고향집은 많이 변해 있었다. 초가집이 있던 자리는 오간 데

없고 낯선 건물이 자리했다. 돌담으로 이어진 올레도 사라지고 없다. 담장 너머를 아무리 두리번거려도 그 옛날 푸르름을 자랑하며 우람했던 밤나무가 보이지 않는다. 혹시? 키는 크지만 마를 대로 말라 형체만 겨우 남아 있는 나무가 눈에 들어온다. 아무리 눈을 비비고 봐도 어린 시절 마음속에 새겨둔 밤나무라고 보기엔 믿기지 않는다.

오랜 시간 바람만 드나들었을 나무가 허허롭다. 짓궂은 아이들의 웃음소리도 새들의 재잘거림도 사라지고 없다. 서글픈 한숨이 새어 나왔다. 나무도 세월을 비껴갈 수는 없었나 보다. 어머니의 세월만큼이나 힘겹게 버텼을 나무를 생각하니 가슴 한곳이 먹먹하다. 젖가슴 다 내어주고 말라버린 모습을 보니 어머니가 그 자리에 서 있는 것 같다. 주렁주렁 달린 열매를 키워내느라 힘들었을 밤나무다. 나무 뒤에 숨어서 홀로 흐느꼈을 어머니의 눈물도 다 말라버렸다.

너무나 변해버린 모습이지만 베어지지 않고 그 자리에 있어 준 밤나무가 내심 고맙다. 쓸쓸하게 다가올 노년의 내 모습이 아닌가. 설익은 밤송이는 날카로운 가시를 세우며 아무 때나 속을 내어주지 않는다. 가을 햇살에 무르익으며 찬바람이 불 때 스스로 떨구어 넉넉히 돌려준다. 인생의 가을이 왔지만 내어주지 못하고 아직도 가시를 내세우며 살고 있지는 않은지…. 무르익는다는 건 참고 견디어 내는 시간이다. 그리고 때를 기다릴 줄 아는 것이다.

만지면 부서질 듯이 말라버린 밤나무에 잎을 다 떨구어 낸 담쟁이덩굴이 칭칭 감겨 있다. 빈몸이라 더는 내어 줄 것이 없어 보여도 담쟁이의 지지대가 되어준다. 고향집 늙은 밤나무는 밑둥지를 타고 오르는 담쟁이와 함께 푸른 잎이 무성히 돋아날 봄을 묵묵히 기다리고 있었다.

| 작가노트 |

끝내, 찬란한 봄

한여름 푸르던 낙엽이 떠날 때를 아는지 한 잎 한 잎 스스로 몸을 떨굽니다. 떨어진 낙엽은 바람에 몸을 맡겨 자유롭게 날아가다 주인을 잃은 연장통 위에 수북이 쌓이네요. 낙엽은 서서히 퇴색되어 제모습을 잃은 채 삭아가겠지요.

잎을 다 떨구어 낸 나무가 빈 가지에 그리움을 걸어둔 채 추운 겨울을 준비합니다. 홀로 긴 겨울을 견디기가 힘들고 외롭겠지요. 달빛조차 숨어버린 하늘이 서늘합니다. 아무리 붙잡고 싶어도 때가 되면 떨어지는 낙엽처럼 우리도 언젠간 소리 없이 사라지겠지요.

듬성듬성 쌓아진 돌담 사이로 겨울바람이 흐릅니다. 아무리 단단해 보이는 돌도 부서지고 깨지며 다시 흙으로 돌아갑니다. 아버지의 지난했던 삶도 오래된 연장통 속에서 고요히 잠들어 있네요.

하지만 이별의 끝에는 아픔만 있는 것이 아님을 겨울나무는 잘 알고 있습니다. 새봄이 되면 파릇한 싹을 멋지게 피워낼 테니까요. 쩡쩡 돌 깨는 소리가 온 산을 울리며 겨울잠을 자는 모든 것을 흔들어 깨워 찬란한 봄을 맞이하겠지요.

수상작

박주희

바위섬

흐르는 강물처럼

겨울나기

작가노트

고독 너머

박주희

중고교 사회과 교사(전). 『수필과비평』 등단. 거제계룡수필 회원.

바위섬

밤하늘의 별이다. 사람들의 오고 감이 뜸한 바다 가운데 홀로 떠 있다. 한 걸음도 쉬이 움직일 수 없는 처지다. 제자리를 지키며 그저 묵묵히 파도를 받아들일 뿐이다. 바위섬은 무엇을 꿈꾸고 있을까. 밀려오던 파도가 하얀 포말을 만들며 끝없이 멈춰선다.

솟아오른다. 밀물이 썰물로 돌아서고 바다 깊이 숨어있던 얼굴을 내민다. 깎일 듯이 가파른 절벽의 모습을 고스란히 드러낸다. 수면 위로 나타난 낭떠러지는 짙게 물들어 있다. 세상의 그 무엇도 완전히 안온할 수 있는 것은 없다는 듯. 바위섬은 파도가 머무는 바다에서 또 다른 시작을 알린다.

태생적으로 바다와 함께였던 바위섬. 이곳에 살지만, 속내를 다 알지 못한다. 겉으로 드러나는 잔잔함과 포근함이 전부는 아니다. 물결 위에 반짝이는 은빛의 물비늘도 일부일 뿐이다. 빛이 닿지 않는 밑바닥에는 또 어떤 바다가 숨죽이고 있을까. 한없이 넓고 깊은 이곳에서 우리가 헤아릴 수 있는 것은 얼마나 많을까.

파도가 밀려온다. 맹수처럼 포효하며 아스라한 수평선 너머에서 줄기차게 달려온다. 바다 가운데 우뚝 선 바위섬을 가만두지 않겠다는 듯 밀어붙인다. 정해진 방향도 없이 요란한 소리를 내며 시커먼 속내를 드러낸다. 바위섬은 날 선 파도의 공격을 피하지 못한다. 아니 피하지 않는다.

알고 있었던 것일까. 바람이 잦아들면 파도가 이내 사라진다는 것을. 또 다른 모습으로 끊임없이 다가선다는 것을. 멈출 줄 모르던 파도가 가라앉는다. 숨죽인 채 일렁이다 자취를 감춘다. 바다가 된다. 먹구름 아래 억센 비가 쏟아지듯 바다에서 파도는 마주해야만 하는 존재일까.

대학을 마치고 첫발을 디딘 세상. 그야말로 망망대해였다. 맨몸뚱이의 나는 어느 것 하나 제대로 걸치지 않았다. 어깨를 기댈 수 있는 그 누군가도 없었다. 그때 눈앞에는 안개가 자욱하게 낀 하나의 길이 있었다. 옴짝달싹하지 못하는 바위섬처럼 선택의 여지가 없는 듯 보였다. 멈춰서는 순간, 사나운 파도가 나를 갉아먹을 것 같은 불안감만 일었다. 무작정 발걸음을 내디뎠다.

불투명한 앞날에 빠듯한 형편. 교사임용시험을 준비하며 직장생활도 해야 했다. 고된 하루였다. 오는 잠을 줄여가며, 부족한 시간을 쪼개가며 많은 걸음을 채워갔다. 퇴근 후 도서관의 딱딱한 의자를 마다하지 않았고, 오롯이 공부에만 마음 쏟을 수 있는 주말은 가뭄 속 단비처럼 기꺼웠다. 하지만 내디딘 걸음만큼 앞으로 나아가지 못했다. 돌아서면 제자리에 있는 듯한 모습을 지울 수가 없었다.

어쩌면 난 매일같이 계속 모래성을 만들고 있었는지 모른다. 나지막한 파도에도 쉽게 허물어져 버리는 모래더미 말이다. 그저 모래성을 쌓다 보면 다행스럽게도 파도를 맞닥뜨리지 않는 해가 있으리라. 막연한 기대에 취해있었다. 왜 많은 시간 동안 내가 애써 쌓은 것은 고작 모래성이었을까. 무엇이 부족했던 것일까.

그때 나에게 누군가의 적극적인 지지가 있었다면, 개의치 않고 공부에만 전념할 수 있었다면, 조금 더 많은 시간이 주어져 있었다면. '만약'이라는 가정처럼 넉넉한 여건이 허락되어 있었다면 어땠을까. 파도를 의연하게 받아들일 수 있었을까. 그 길의 끝에 당당히 설 수 있었을까.

헛된 셈이다. 그때 난 용기가 없었다. 그 길의 끝에 다다를 수 있을 거라는 올찬 기운 따위를 품고 있지 않았다. 교단에 선 나의 모습을 흐릿하게나마 그려보긴 했지만, 교사임용시험에 낙방하는 순간의 모진 파도를 감당할 자신이 없었다. 끝내 직장생활의 끈을 놓지 못하고 스물이라는 숫자가 닳아 없어지는 동안 바다 한 귀퉁이에 움츠러들어 있었다.

바위섬은 파도를 긍정했다. 이것을 자신의 일부로 받아들이고 한없이 마주해야 하는 벗으로 여겼다. 오랜 시간 동안 파도에 당당히 맞서 자신의 몸을 이리저리 깎아내고 다듬어 갔다. 굳세고 기운찬 사자바위, 지고지순한 처녀바위, 어둠을 밝히는 촛대바위 등 수없이 많은 모습을 그렸다. 아무리 모자라고 내키지 않는 모습이라도 받아들일 줄 알았다. 바다에 있는 그 어떤 바위섬인들 파도의 흔적을 가지고 있지 않은 것이 있을까.

바위섬은 자신이 존재하는 하루를 기쁨으로 여겼다. 젖은 몸은 따사롭게 내리쬐는 햇볕과 가볍게 부는 바람이면 충분했다. 원래의 모습을 찾아간다. 다소 시간이 걸리더라도 물기는 사라지고 다시금 애초의 모습으로 살아난다.

나는 진정 무엇이 되고 싶었던 것일까. 밤하늘에 반짝이는 별처럼 바다의 빛이라도 되고 싶었던 것일까. 어디에 있을지도 모르는 삶의 목적지를 무던히도 그리며 애썼다. 결과에 치우쳐 생각해보면 내가 걸어온 시간은 하찮은 것으로 전락하고 말았다. 지금의 내 모습 또한 보잘것없고 변변찮게 여겨진다.

파도가 밀려온다. 마음속 깊이 가라앉아 있던 모래알이 하나씩 떠오른다. 인내, 끈기, 열정, 책임감…. 온 힘을 다하여 부단히 모래성을 쌓아갔던 그 순간의 기억을 더듬어 낸다. 이십 대의 나의 꿈은 다가서는 파도에 쉬 주저앉았지만, 내

면에 깊이 파고든 그때의 감각은 깨단해낼 수 있다.

이제 불혹을 넘어섰다. 거친 파도가 두렵더라도 당당함을 잃지 않는 것은 나의 몫이다. 바위섬처럼 넉넉한 품으로 힘찬 걸음을 내디뎌 본다. 용기를 끄집어낸다. '이것이 삶이라면, 그렇다면 다시 한번.' 어스름한 길에 한 가닥이 빛이 보이기 시작한다. 바위섬을 꿈꾼다.

흐르는 강물처럼

솟아오른다. 낮은 곳으로 흐르는 대신 높은 곳을 향한다. 음악 소리에 맞춰 몸을 이리저리 흔든다. 감미로운 선율에는 부드럽게, 신나는 리듬에는 격렬하게. 음악이 시키는 대로 춤을 춘다. 형형색색의 빛을 더해가며 사람들의 시선을 사로잡는다. 분수다. 그것은 강물이 흐르는 수변공원의 가운데를 차지하고 있다.

하늘 위로 솟아오르는 분수를 바라보다 초등학교 때를 떠올린다. 착하다는 말을 자주 들었다. 이름 앞에 그 수식어가 붙으면 날개를 다는 듯했다. 친구들은 쉽게 호감을 표했고, 선행상을 받을 때면 부러운 시선과 박수갈채를 보냈다. 거기 있어도 괜찮다는 소속감을 느낄 수 있어 더없이 좋았다. 무엇이 착한 것인지 정확하게 몰랐지만, 힘겹거나 어렵게 느껴지지 않았다. 음악이 시키는 대로 춤을 추었다.

분수는 사람들이 모여드는 시간이 되면 어김없이 솟아오른다. 중력을 거스르며 화려하게 등장한다. 고대 최초의 분수는 사람들에게 식수를 제공하기 위해 만들어졌다고 한다. 수로의 끄트머리에서 물을 아래로 흘러내리는 방식이다. 기능적인 역할에 충실했던 애초의 모습은 사라진 듯하다. 그렇다면 그것이 끊임없이 솟구치는 이유는 무엇일까. 누군가의 여름밤을 시원하게 만들어 주려는 선의를 품고 있는 것일까. 아니면 낮은 곳으로 흐르는 강물이 지니지 못한 특별함을 갖고 싶은 것일까. 그것의 속내가 궁금하다.

사춘기에 들어 착하다는 말이 지긋해졌다. 그 말을 들을 때면 벌컥 화를 내고 자리를 뜨곤 했다. 몸에 맞지 않는 옷을 걸친 듯 불편했다. 나이 마흔이 넘은 지금도 어울리지 않은 듯 어색하다. 그것이 꼬리표마냥 따라다닐 때면 부담스럽기만 하다. 왜 착하다는 말이 싫어진 걸까. 왜 화가 나는 것일까. 그것은 많은 시간 동안 나의 곁을 지켜 준 기특하고 든든한 수식어가 아니던가.

분수가 멈춘다. 사람들의 관심이 떠나자, 자취도 사라진다. 그것이 쏟아지던 자리는 어둡고 탁하다. 온통 누런빛의 흙탕물이다. 한 치 앞을 내려다보는 것도 힘들다. 보이지 않는 밑바닥에는 무엇이 자리하고 있는 것일까. 다가서는 것이 조심스럽기만 하다. 모든 것이 제자리를 찾아가기까지 한참의 시간이 걸린다. 고요해진 물결. 이제 그 속내가 환히 드러나 보인다. 움켜쥐고 있던 가증스러움과 탐욕스러움이 얼굴을 내민다. 자기만의 기준도 없이 특별함만을 탐내던 분수의 민낯이 떠오르는 순간이다.

그랬다. 착하다는 수식어는 늘 따라다녔지만 떳떳하지 않았다. 비겁하다, 어리석다는 말처럼 들려왔다. 어쩌면 그동안의 착한 언행은 탐심 많은 분수처럼 온통 나를 위한 것이었는지 모른다. 그것은 나를 꾸며주고 돋보이게 하는 장신구에 불과했다. 이 사람은 나를 위해서 무엇을 해 줄 수 있을까. 나에게 어떤 보탬이 될까. 자로 재듯 여러모로 따져보고 헤아렸다. 마음속 깊은 곳에 숨어있어 살피려 하지 않았건만 들통나 버렸다. 다른 누구도 아닌 나 자신에게 말이다.

강물은 흐른다. 낮은 곳으로 자신의 몸을 낮춘다. 분수처럼 중력을 거스르지 않는다. 자기가 옳다고 생각하는 기준에 따를 뿐이다. 높은 산을 만나면 돌아간다. 먼 길을 둘러간다. 움푹 파인 분지를 만나면 가득 채우고 지나간다. 불평도 불만도 없다. 천천히 흘러간다. 너른 평지를 만나면 자기가 가진 것을 내어주고 홀연히 사라진다. 바다와 하나가 된다.

강은 오래전부터 사람들의 생활터전이 되어왔다. 우리 몸의 칠십 퍼센트가 물이라서 끌렸을 수도 있지만, 그것은 우리 생활에서 떼려야 뗄 수 없는 존재다. 흘러가는 자체만으로도 살아있는 모두에게 이로운 존재가 된다. 누군가의 박수를 받고자 애쓰지 않는다. 특별한 무언가가 되는 것도 마다한다.

흐르는 강물은 오직 한 가지에 집중한다. 내가 뭇사람에게 무엇을 줄 수 있을까. 어떤 보탬이 될 수 있을까. 아낌없이 줄 수 있는 것에 관심을 가지며 끊임없이 끄집어낸다.

착하다. 진짜 착하다. 눈에 보이지 않는 마음씨까지 곱고 바르다. 태초부터 맑고 투명했기에, 그렇게 살아왔기에 숨기거나 거리낄 것이 없나 보다. 낮은 곳으로 흐르는 강물의 모습을 가슴에 새긴다. 솟아오르려는 한줌의 물을 흘려보낸다. 가슴을 적신다. 메마른 땅에 물이 흐르려면 많은 시간이 필요할 테다. 메마른 가슴이 물을 흠뻑 머금을 수 있도록 진심을 다해 본다. 착하다는 말이 한 점 부끄럼 없이 들리는 순간을 기다린다.

'비로소 나의 마음에도 강물이 흐를 수 있기를.'

겨울나기

하나둘 떨군다. 남김없이 벗어버린다. 한창때의 고운 꽃과 풍성한 잎에 대한 미련 따위는 없는 듯 내려놓는다. 앙상한 가지를 그대로 드러낸다. 굵은 줄기가 뻗어낸 크고 작은 가지의 모습을 숨김없이 내보인다. 어디에서 뻗어 나와 어디로 나갈 것인지 스스럼이 없다. 떨어질 나뭇잎 몇 장을 붙들고서 감추려 들지 않는다. 우람한 낙엽수는 있는 그대로 다 보여준다.

무엇이 낙엽수를 이토록 당당하게 만든 것일까. 단단한 갑옷이라도 입은 것일까. 뭇사람의 시선에 자유로울 수 있다는 것, 자신을 있는 그대로 드러낼 수 있다는 것. 그것은 쉽지 않은 일이다. 낙엽수는 세찬 바람에도 잔가지의 끝이 잠시 하느작거릴 뿐이다. 쉽게 흔들리지 않는다. 꼿꼿하다. 늠름하게 서 있는 낙엽수를 물끄러미 쳐다본다.

주변에는 추운 겨울이 되어도 여전히 꽃을 피우고 잎을 틔우는 나무가 있다. 낙엽수가 떨어뜨린 잎을 겨우내 덮고서 말이다. 낙엽수의 오른쪽에는 동백나무가 서 있다. 도톰하고 윤기 나는 잎들 사이에서 선홍빛의 꽃망울을 터트리며 겨울의 아름다움을 독차지한다. 왼쪽에는 소나무가 자리하고 있다. 사시사철 푸르른 잎을 간직하며 지조와 절개를 자랑하는 듯 기세등등한 모습을 보인다.

낙엽수는 정말 주변의 겨울나무들이 부럽지 않을까. 겨울이 되어 볼품없는 자신의 모습이 원망스럽지 않을까. 나의 물음은 어느새 낙엽수의 당당한 모습을 의심하고 있다. 어쩌면 '당당함'이란 나의 마음속에 제대로 품어보지 못한 것이라 믿기 힘든지 모른다. 내가 만약 낙엽수라면 어떨까. 앙상한 가지를 드러낸 참모습을 그대로 보여줄 수 있을까. 속마음을 당당하게 이야기할 수 있을까. 한없이 작고 못난 나의 모습이 눈앞에 아른거린다.

나는 뭇사람의 인정과 관심을 받고자 했다. 길을 가는 열 명의 사람이 있다면, 그들 모두에게 마음에 드는 낙엽수가 되고 싶었다. 사람들의 시선에 신경 쓰며 안색을 살폈다. 고운 꽃이 어울린다면, 풍성한 잎이 멋지다면 계절 따위는 상관하지 않았다. 떨어지는 꽃과 잎을 붙잡았다. 주변의 겨울나무를 부러운 듯 바라보았다. 겨울의 한가운데서 움츠러들고 있는 나를 제대로 돌보지 않았다.

수화기 너머의 목소리를 가만히 듣고 있다. 당차고 힘이 있다. 나와 다른 생각을 이야기하는 그에게 솔직한 마음을 건네도 좋을지. 망설여진다. 앞뒤를 재며 한참 동안 제자리걸음이다. 과감하게 톱질하여 재단할 엄두를 내지 못한다. 혹시나 어긋날까 봐, 버려질까 봐 상대의 마음을 살피고 있다. 나의 목소리는 마음속의 굳게 닫힌 문을 열고 나오지 못한다. 당당하게 겨울을 나는 것이 버겁다.

나무는 싹이 튼 자리에서 평생을 살아야 한다. 모진 찬바람이 불어온다고 해서 삶의 터전을 옮길 수가 없다. 할 수 있는 모든 일을 동원해서라도 참아내야 한다. 낙엽수는 잎자루 끝에 '떨켜층'을 만들어 겨울날 준비를 한다. '떨켜층'은 잎과 줄기 사이에 생기는 특수한 세포층이다. 이것이 생기면 잎은 수분과 양분을 공급받지 못해 곧 떨어진다. 낙엽수는 겨울을 나기 위해 스스로 떨켜층을 만들어 잎을 떨군다. 겨울의 부족한 햇빛과 수분을 최소한의 에너지로 버텨낸다. 따듯한 봄이 찾아오고 새순이 돋아나 고운 꽃을 피울 때까지 주어진 상황에 최선을 다한다.

그랬다. 낙엽수는 뭇사람의 인정과 관심보다 자신이 중했다. 따듯한 봄을 기다리며 겨울을 보내고 있는 자신 말이다. 앙상한 가지를 드러낸 모습을 굴욕으로 여기지 않았다. 주변의 겨울 나무에게 부드러운 미소를 내보이며 서로 다른 삶을 인정했다. 낙엽수는 자신을 믿고 사랑하는 기술이 탁월했다. 누가 뭐라고 해도 자기의 할 일을 꿋꿋이 해냈다. 추운 겨울을 당당하게 보내며 오롯이 자신을 위한 삶을 살았다.

나의 마음속에도 '떨켜층'이 필요하다. 겨울의 한가운데서 옴짝달싹 못하는 나를 위해서 스스로 만들어야 한다. 인정과 관심만 받으려는 마음, 미움을 받지 않으려는 마음은 지나친 욕심이다. 그것을 알면서도 내려놓지 못하는 마음은 어리석음이다. 내 안에 숨어든 못난 감정을 떨궈야 한다. 오랫동안 나의 마음속에 머물러 있어 쉽진 않을 테지만 나를 위해서 비워 내야 한다. 막혀버린 삶의 숨통을 틔워야 한다.

앙상한 가지를 당당하게 드러낸 낙엽수를 그려본다. 하늘을 향해 두 팔을 벌리고 움츠렸던 가슴을 편다. 용기 내어 천천히 나의 목소리에 힘을 실어본다. 솔직한 목소리로 마음의 문을 연다. '내가 나를 위해서 살지 않으면 누가 나를 위해서 살아준단 말인가.' 이제는 싫은 소리도 듣고 미움도 받으며 내가 있는 삶을 살고 싶다. 마음속에 당당함을 채운다. 아마도 다가올 겨울은 조금 더 씩씩하게 보낼 수 있으리라 믿어본다.

| 작가노트 |

고독 너머

캄캄한 밤의 바다를 홀로 마주한 적이 있는가.

까마득한 그 끝을 가늠하는 순간 가슴 한편이 저려 오는 깊은 바다.

모든 것이 사라져도 그 자취를 찾기 힘든 거센 파도를 품은 바다.

요즘 밤이 되면 거친 밤바다를 자주 떠올린다.

아득하고 힘든 시간을 버텨내고 있을 그녀의 심정을 헤아려보기 위해 칠흑 같은 밤바다에 홀로 선다.

내가 쓰고 있는 글이 공허한 울림일지는 모르지만, 잠시나마 세상의 그녀에게 푸르른 파도로 가닿기를 바라본다.

수상작

김정화

수국경전

골관 악기 하나쯤

가을이 되면

작가노트

두두물물

김정화

「수필과비평」 등단. 광남일보신춘문예 문학평론 당선. 신곡문학상, 천강문학상, 일신수필문학상 등 수상. 평론집 「현대수필의 아포리아」, 수필집 「말 이상의 말, 글 이상의 글」, 「미스 에세이」 등 7권

수국경전

수국의 계절이다. 어쩐지 수국은 바다와 잘 어울리는 꽃 같지 않은가. 푸른 수국이나 백 수국이나 붉은 수국 너머로 바다가 보이는 풍경을 상상해보라. 파스텔 꽃빛 끝에 청량한 바람이 번지는 그 물색을, 신분홍 꽃잎 위로 찬연히 물드는 일몰의 너울을.

이곳 해운대 백사장 솔밭에도 물빛 닮은 여름 수국이 수천 그루 꽃 더미로 펼쳐져 있다. 사시절 울창한 송림 사이에 무더기무더기로 벌겋게 퍼렇게 허옇게 땅꽃이 피어났다. 색색의 빨강과 세상의 파랑을 온통 초록 잎 위에 다 쏟아 놓았다. 그 붉고 푸른 꽃들은 다시 보랏빛 화관을 탄생시켰다. 소담하고 고졸하며 기품 있고 탐스럽다. 이 꽃 앞에 멈춰서서 향기를 맡고 쓰다듬는 사람들을 보라. 웃지 않는 사람이 있는가, 맑지 않은 얼굴이 있는가.

수국이란 이름을 처음 들었을 때를 기억한다. 동네 언니들이 길섶에 수국 보러 간다 했을 때 나는 수국이 무슨 새 이름인 줄 알았다. 마치 수국수국 소리 내며 들판 보리밭을 흔드는 텃새라고 상상했다. 왜 그런 적 있지 않은가, 나의 착각, 나의 혼돈, 나의 망상을. 어릴 때 노인들만 먹는 과일인 줄 알았다가 산동네 친구 집에서 처음 맛본 대봉시의 붉은 기억, 하얀 빨랫비누를 굳은 찰떡인 줄 알고 한 덩이 꿀꺽 삼켰다가 해 저물 때까지 양잿물을 토했던 배릿한 어지럼증. 지나고 나서야 깨치게 된 내 글의 오류, 무량하게 뱉었던 날카로운 말들, 의심도 의문도 없이 아집에 빠져 있던 순간들을. 그러니 나는 수국의 이름 앞에서 늘 겸손해져야 한다.

몽글몽글 맺혔다. 다닥다닥 피었다. 나직나직 바스락댄다. 땅바닥에서 쏘아 올린 꽃 폭죽이다. 신이 뿌려놓은 물감 반죽이다. 곱게 단장한 여름날의 신부다. 천년 바윗돌도 수백 년 송목도 자리 내어주는 귀빈이다. 땅으로 곤두박질친 화花석이라 이름 붙여도 좋으리. 헤픈 울음 울지 않는 여자처럼 함부로 꽃잎 눈물 휘날리지 않으며, 가위질에 참수당할지언정 스스로 고개 꺾어 굴복하지 않는 절개를 지녔다.

수국불火로서 무명無明의 세계를 밝히고 꽃의 경전을 펼쳐주셨다. 흰빛도 푸르게 되고 푸른색도 붉게 변하니 영원한 것은 없다 이르신다. 달덩이 같은 꽃숭어리 밀어 올리며 둥글게 둥글게 살아라 말씀하신다. 아직 덜 핀 꽃도 만족하라, 그 꽃이 가장 어린 꽃임을 상기시킨다. 눈길을 잡는 꽃잎은 사실 꽃받침이고 중심부에 숨은 자잘한 참꽃이 진짜 꽃이니 치우치지 말 것을 경고한다. 헛꽃을 내세워 헛짓, 헛말, 헛생각 말라 가르친다. 세상사 헛것 아닌 것이 있는가.

수국의 바깥 꽃을 가짜라 하고 안 꽃을 진짜라 하는 것도 맞는 말일까. 매사에 참과 거짓으로, 내 편과 네 편으로, 옳고 그름과 진품과 짝퉁으로…. 어디까지 구분 지을 생각인가. 사람도 물상도 심지어 자연에까지 금 그어 분별한다. 그러나 처음부터 진짜와 가짜 같은 것은 없었다. 풀이면 전부 풀이고 꽃이면 모두 꽃이다. 쪼개고 나누어서 헛꽃과 참꽃으로 구별하는 것도 인간의 마음이 시킨 일이다. 허망한 생각을 접고 정신 차리라는 호통인지 숲모기 한 마리가 팔뚝 침을 쏘고 잽싸게 달아난다.

이 싱싱한 꽃 뭉치도 계절이 지나면 이울고 말 것을. 지난해 산청 수선사에 풍경 소리 들으러 갔다가 겨울 수국을 본 적이 있다. 서릿발이 돋은 절 마당을 거니는 동안 스님은 출타하였는지 인기척도 없었지만, 마당의 연지에는 여름날 몸피 올리던 꽃대가 얼음물에 발 담근 채 동안거에 들어 있었다. 더 젖어야 하고 더 견뎌내야 한다며 꾸짖고 있었던가. 진흙밭에 뼈를 묻듯이 글밭에 혼을 묻으라는 몸짓이었을까. 그때 도량 한구석에서 삼베 색 꽃잎을 덮어쓴 채 볏단처럼 비쩍

마른 수국 무리를 보았다. 여름내 붉은색 푸른색 자주색의 한 방울 잎 색도 남김없이 토해내고 선정에 든 꽃불. 어찌 불두화만 부처를 닮았다고 말할 수 있으리. 바스락 소리 내지 않았지만 "왔느냐?" 묵언으로 마음 전하던 꽃부처들이었다.

수국이 피면 이름난 수국 명소로 한 바퀴 돌다 오고 싶었다. 고성의 만화방초를 거쳐 거제의 저구항에 가 보리라. 나주 옥정리 수국 산책로와 신안군 팽나무 십릿길 수국정원을 걸어보리라. 좀 더 여유로우면 제주도 답다니 수국밭과 휴애리 수국공원에 다녀오리라 계획했건만 실행은 쉽지 않다. 그러나 생각해보면 나는 멀리 수국을 보러 가지 않아도 된다.

십여 년 전 어느 늦봄이었다. 옆집 남자가 창밖에 엎드려 있었다. 나는 화들짝 놀라서 방안에 숨었다가 다시 슬그미 바라보았다. 원래 베란다 밖 앞산은 사람이 다니는 곳이 아니다. 길도 없거니와 단단한 옹벽이 돋우어져 있다. 그러니까 사층 우리 집에서 쳐다보면 지상에서 솟은 나무들의 우듬지와 눈높이가 같고 앞산의 등줄기와도 맞닿아 있다. 산새와 개구리와 도롱뇽과 청설모들만의 길이다. 아무도 그곳을 오르지 못하고 감히 올라서도 아니 된다. 그런데 남자가 종일 땅을 파고 있었다. 도대체 무엇을 묻으려 하는 것인지 의문스러웠다. 뒷날 그곳에는 굵은 나무들 사이로 덤불들이 걷어졌고 파헤쳐진 땅에는 소복소복 푸른 식물들이 심겨 있었다.

다음 해 짐작대로 경이로운 일들이 벌어졌다. 수국꽃이 무더기로 피어났다. 해가 거듭될수록 꽃불은 번져나가 손만 뻗으면 잡힐 것같이 고개를 드높였다. 올해는 어린 파초 잎과 키를 나란히 겯고서 붉고 허옇고 푸른색의 꽃이 난개하였다. 그리고 여름 내내 화두花頭로서 화두話頭를 던지실 것이다. 그래도 밖에서 구하려 하느냐.

어느새 후드득 빗방울 떨어진다. 오늘밤 폭우에 젖을 저 수국경전 어떡하나. 뒤돌아보니 붉은 꽃 푸른 꽃 의연하게 서 있다. 바람이 부는 것도 비가 오는 것도 꽃이 피는 것도 순리니 어느 곳으로도 마음 기울지 말라 이르신다. 시들면 시든 채로, 마르면 마른 채로, 젖으면 젖은 채로, 있는 그대로 살아가라 다독이신다.

법문을 마친 화경花經 한 권, 곧 장마에 들 예정이다.

골관 악기 하나쯤

시티 스캐너가 몸을 훑는다. 숨을 참고 내뱉고 또 숨을 참는 동안 엑스선이 전신을 투과한다. 온몸이 타들어 가는 듯한 작열감과 조영제 탓인지 울컥울컥 속이 되넘어올 듯 울렁거린다. 몇 달 동안 머리와 심장과 혈관 등을 검사하느라 큰 기계와 작은 기계 사이를 여러 차례 오갔으니, 이번에도 눈 딱 감고 이십여 분만 참으면 해결될 일이다.

의사 선생님은 촬영된 모니터 사진을 내 앞으로 돌려준다. 뼈가 도드라진 한 여자가 누워 있다. 저것이 나라고 하는데, 버젓이 내 이름표도 붙어 있지만, 내가 나를 선뜻 알아보지 못하고 주춤거린다. 옷을 걷어내고 살가죽을 벗겨내고 근육을 제거하고 흉터와 주름과 표정까지 싹 다 지워버렸다. 그뿐인가. 환희와 분노와 슬픔과 고뇌도 감쪽같이 사라졌다. 무거운 것들은 어디에 숨었는가, 움직이는 것들은 모두 어디로 갔는가.

처음으로 내 속의 나를 마주한다. 어설픈 환자 눈에도 앙다붙은 척추가 다부져 보이고 갈비뼈와 골반도 데칼코마니처럼 대칭이 잘 되었다. 오히려 통통한 살에 가려졌던 팔다리뼈가 삭정이같이 앙상하여 애잔하기 그지없다. 발목과 손목뼈는 마디마디에 단단한 나사로 조이거나 철심 하나 박지 않았는데, 온몸을 지탱하고 궂은일을 마다치 않았으니 고맙고 기특하다.

낯설지 않다. 학창 시절 과학실 괴담의 주인공이었고, 오래전 재래식 화장장에서 몸을 태운 부모님의 유해도 희고 가지런했다. 위대한 조각가 자코메티의 작품에서도 인간의 형상에서 살을 떼어내어 유골 같은 뼈대를 강조했고, 대가야 고분군에서 출토된 천오백 년 전 고대인의 인골도 저러했다. 심지어 무령왕릉에서 발견된 물고기 뼛조각과도 닮아있다. 분명 눈에 익은 모습인데도 저 섬뜩한 것이 나라는 사실은 쉽게 받아들여지지 않는다.

그동안 얼마나 포장하였던가. 속은 삭고 허물어져 병이 들어가는 줄도 모르고 겉만 꼿꼿이 곤두세우고 번드레하게 꾸며내었다. 속은 겉을 외면하였고 겉은 속에게 무관심하였다. 육신이 번잡하고 고통스러우니 정신도 산란하여 편안하지 못했다. 그러니 누구나 살점 없는 인간의 뼈 앞에서 겸허해질 수밖에 없다. 평수 넓은 아파트도 보이지 않고 명품 가방도 소용없으며 통장에 찍힌 두둑한 숫자도 부질없다. 결국 생의 끝자락에 남는 것은 허옇고 까슬한 몇 조각의 뼈밖에 더 있겠는가.

그렇다면 후제에 저 뼛조각도 운이 좋으면 쓰임새가 있을지도 모르는 일. 만약 내 뼈가 다시 쓰일 수만 있다면 하나의 악기로 탄생되었으면 좋겠다. 물론 북이나 장고 같은 악기는 나무통에 짐승의 가죽을 씌워서 두드리기도 했지만, 최초의 피리는 동물 뼈에 구멍 내어 바람 넣기로 시작되었다는 것은 충분히 짐작 가는 일이다.

티베트에서는 조장한 인간의 넙다리뼈로 나팔을 만들고 머리뼈를 맞대어 타악기를 완성시켰으며, 에스파냐인들은 손가락 길이의 대롱뼈들을 연결한 긁개에 캐스터네츠를 두드려 소리를 내었다. 우리나라도 가까운 동래 낙민동 유적지에서 발견된 선사시대의 각골 악기가 부산박물관에 모셔져 있으며, 쿠바의 당나귀 턱뼈를 이용한 우이루는 지금도 거리의 악사들이 즐겨 연주하는 타악기다.

문학 소재로 자주 등장하는 궤나도 있다. 고대 잉카인들은 연인의 정강이뼈로 궤나 피리를 만들어 떠난 이가 그리울 때마다 구성지게 불었다고 한다. 김왕노 시인의 시 「궤나」만 보더라도 “정강이뼈로 만든 악기가 있다고 한다./ 사랑하는 사람이 죽으면 그 정강이뼈로 만든 악기/ 그리워질 때면 그립다고 부는 궤나/ (중략) / 집으로 돌아가지 못한 짐승들을 울게 하는 소리/ 오늘은 이 거리를 가는데 종일 정강이뼈가 아파/ 전생에 두고 온 누가/ 전생에 두고 온 내 정강이뼈를 불고 있나 보다/ 그립다 그립다고 종일 불고 있나 보다" 하고 읊었으니, 생전에 고생한 내 연골들도 죽음을 넘기고 나면 청아한 소리가 날까.

나의 뼈에 입술소리 내줄 이 아무도 없음을 알고 있으니 체념은 빠른 게 좋겠다. 어느새 의사의 설명은 갈비뼈를 헤집어 심장을 가리키는데 화들짝 놀란 등짝에서 우두둑 뼈 소리 흐른다.

어쩌면 이미 나는 골관 악기 하나쯤 품고 있는지도 모른다.

가을이 되면

가을이 되면 오래된 골목길을 걸어보리라. "골목길 접어들 때에 내 가슴은 뛰고 있었지. 커튼이 드리워진 너의 창문을 말없이 바라보았지." 하고 가수 김현식의 절규하는 듯한 목소리를 흉내 내보리라. 신촌블루스 2집 앨범에 실렸던 레게풍의 노래, 나의 이십 대가 끈덕지게 녹아 있던 시대, 하염없이 누군가를 기다리며 사랑을 꿈꾸게 하던 길. 그래서 골목은 낡고 늙었어도 내겐 언제나 청춘의 길이었다.

이웃집 담장이 다닥다닥 어깨를 겯고 소색 당목 이불 홑청이 바지랑대를 기울이며 햇살을 되쏘던 곳, 삐걱대는 나무 대문 앞에 '개조심'이란 팻말이 문패같이 걸려있고 '셋방 있씀'처럼 맞춤법 한두 군데 틀린 광고지가 전봇대나 담벼락에 붙어있던 곳, 뒤란 귀퉁이에 터주 어른마냥 자리 잡은 감나무나 매화목이 한가하고 화분 대신 붉은 고무 다라이에 심은 작약도 해마다 꽃을 피우던 곳, 덜 마른 보릿대에 보리까락을 섞어 태운 모깃불 연기가 초저녁달을 향해 사라지던 곳, 큰 소리로 순덕, 봉숙, 말남, 춘식, 금자를 부르면 땟국물 전 옷소매를 걷으며 맨발로 뛰쳐나올 것만 같은 곳. 삐뚤빼뚤 이어지던 골목은 마당이 되고 놀이터가 되고 일터가 되고 심지어 장터가 되었다. 그러니 옛 골목은 아직도 내게 흑백 풍경으로 남아서 때로는 휘황 다단한 현대의 삶도 한갓되이 무화시켜 버린다.

모처럼 내린 가을비에 은행잎이 말갛게 씻긴 골목을 걸어 보리라. 이왕 걷는 길은 한적한 시골길이면 좋겠다. 지나다가 빈 의자가 보이면 잠시 앉아도 되고, 낯선 처마 밑의 텅 빈 제비집 사진을 몇 장 찍어도 나무라지 않는 인심이 있고, 반쯤 열린 창문 사이로 흘러나오는 유행가 몇 소절쯤 귀동냥으로 들을 수도 있으니까. 여름 한철 붉은 몸 태운 배롱나무 가지에 실핏줄 같은 거미줄이 드레드레 얽혀 있고, 길고양이는 돌옹벽 아래 널브러져 오수를 즐기며, 털빛 빤지르르한 검둥이도 남의 집 문간에 오줌을 갈기고 도망가는 곳. 그 낮은 돌담 너머로 구절초 더미가 바람에 흔늘거린다면 제법 골목다운 골목이리라.

가을이 되면 샛강 같은 고향 골목길을 따라가 보리라. 흙길과 시멘트 길을 지나 멋을 낸 무늬결 보도블록이 깔린 곳도 있으리라. 화려한 대문은 아니더라도 집마다 녹슨 철 대문이나 알루미늄 새시 문이 달려 있겠지. 내가 어릴 때는 대문의 위용이 대단했다. 우리 집이야 근사한 대문 한번 걸린 적 없어 외딴집으로 불렸지만, 동네 어른들은 아무개 집 대신 그 집의 대문이나 특징을 붙여 지칭했다. 파란 대문집, 붉은 대문집, 적산가옥집, 탱자나무집, 대추나무집, 이층 양옥집, 우체통집…. 그 골목에 내 작은 발자국도 화석으로 남아 있을 터.

이복형제들이 살았던 도시의 골목길도 찾아가리라. 위풍당당한 고층 아파트가 생기면서 마을 지도는 달라졌어도 학발鶴髮의 어른께 말을 붙여 오뎅 공장이 있던 자리도 여쭈어보리라. 백제길과 명태고방길 외솔배기길 소막걸길 시루대길 널박길이 있던 곳. 방학만 되면 아버지는 큰어머니댁에 나를 보냈다. 오뎅 반찬을 해주마, 오뎅 공장에 다녀오너라. 뜨끈뜨끈 김이 오르던 그 배릿한 공장은 없어졌겠지만, 눈칫밥을 줄 만도 한데 나를 보듬어준 큰어머니의 슬픈 목소리가 가슴에 저민다.

사람 냄새 그윽한 달동네 골목길도 빠트릴 수 없다. 내가 자주 가는 변두리 마을 골목 끝에 현대판 수상가옥 촌이 있다. 하천을 그대로 남긴 채 한쪽 옆으로 옹벽을 쌓고 다다닥 집들이 들어선 것이다. 좁은 강 다리를 건너야 집 안으로 들어가는 곳. 젊은 사람들은 모두 아파트로 떠나고 토박이 노인들만 남았으리라고 생각한 것은 편견일까. 언젠가 헤드셋을 머리에 얹은 소년이 쪽문을 열고 나왔다. 순한 얼굴과 금방이라도 부서져 내릴 것만 같던 파삭한 눈망울을 하고 이방인의 호기심도 이미 익숙해진 듯 가지런한 치아를 드러내며 웃어주었다. 고만고만한 담벼락 앞에도 흙을 채운 붉은 고무통이 즐비했지. 쪽파와 상추와 열무가 하얀 부추꽃 사이로 키를 키운 귀한 생명들. 뿌리 내린 곳에서는 기꺼이 버티고 살아내야 하리라.

웃고 떠들고 욕하고 싸우고 노랫소리 들리는 골목. 골목이라고 퀴퀴하고 암울하기만 할까. 현대 골목은 급격하게 변신하고 있다. 무채색의 벽들은 연두 초록 분홍 노랑 파란색 등 각자의 색깔을 내고, 구도심 거리는 역사와 문화를 재생시키며 스토리를 입히고 페스티벌을 개최하여 의미로운 장소 만들기로 전환한다. 예쁜 카페들이 문을 열고 소박한 밥집과 책방과 옷집도 감성을 더하여 손님을 맞는다. 한때 유명 셰프가 출연한 골목식당도 같은 이유였겠다. 그러한 골목길은 입소문과 인터넷을 통해 빠르게 번져간다. 핫 플레이스라는 명칭을 얻어 골목 투어를 하고 골목 이야기를 만들어가는 중이다.

그러나 멋진 카페 거리나 골목 맛집으로 북적이는 거리가 아닌, 여전히 삶을 가꾸고 생을 지켜내는 골목도 남아 있다. 집이 안이고 골목이 바깥이라는 사실을 무너뜨리게 만드는 옛 골목길. 돗자리 하나만 깔면 골목 거실이라 이름 붙여도 좋을 온기가 있는 곳. 어떤 이에게는 가슴 뛰던 옛사랑의 길이었는지도 모른다. 골목을 벗어나면 반듯한 도로가 나오겠지만, 태생이 깡촌이라 그런지 나는 후미지고 구부러지고 옆구리가 울퉁불퉁 불거져 나온 좁은 골목길이 좋다. 휘어져 여유롭고 느려서 편안하다. 무엇보다 막다른 골목 앞에서 울어본 사람들과 골목길처럼 굴곡진 삶을 살아온 자들을 닮은 길이니까.

가을에는 구불구불 곡선의 길을 걸어보리라. 뒤돌아보면 어둑한 골목길을 총총 벗어나 봄 여름을 지나는 젊은 날의 내가 있을 테니까.

| 작가노트 |

두두물물

통도사에 다녀오는 길이었다. 그날 관음스님께서 "자기를 허공처럼 열어 가 보라. 그러면 그 빈 마음에 모든 것이 들어온다." 하셨다. 어려웠다. 흔히들 마음을 연다고 하지만 어디 허공처럼 열어젖힐 수가 있을까. 비워야 들어온다는 것은 자명한 진리이나 마음이 아니라 물건 하나도 쉬이 버릴 수 없지 않은가.

그래도 그날만큼은 이것저것 옥죄던 근심들을 내려놓기로 했다. 수국의 계절이니 꽃으로 마음을 달래는 것이 훨씬 현실적이라고 여겼다. 요즈음 핫 플레이스로 떠오른 해운대 수국밭에 가서 청량한 수국이나 눈에 담을 요량이었다. 무엇보다 조금이라도 틈을 낸 마음자리에 꽃의 말씀이 들앉는지 법문을 확인하고 싶었다.

수국불께서 경전을 펼쳐내셨다. 꽃의 말씀에 귀 열어보라 하셨다. 부는 바람도 흔들리는 풀잎도 흐르는 강물도 모두 법문이라 하셨다. 허망한 생각을 접고 정신 차리라 호통치셨다. 어찌 수국화만 경전일까. 두두물물頭頭物物 세상사 모든 만물이 진리 아닌 것이 없고 경전 아닌 것이 없음을.

수상작

유영희

기둥과 벽

7월의 숲에 내리는 비

벽에 걸린 빨래판이

작가노트

삶으로의 초대

유영희 (유담)

『수필과비평』 등단(2007). 제10회 한국꽃문학상 수상. 수필집: 『옹기의 휴식』, 시집: 『각자 입으로 각자 말을 하느라고』

기둥과 벽

기둥은 한번 자리하면 웬만해선 자리를 옮기지 않는다. 그는 힘찬 근육과 굳센 의지와 튼실한 사명감으로 지붕을 받들고 벽과 벽이 지탱할 수 있는 제 사명에 충실하려 한다. 굵거나 가는 체형에도 나름대로의 의무감에 최선을 다하고 있다. 자신의 신념은 확고하고 주변의 섣부른 권고에 일말의 흔들림이 없다. 당당하고 회의를 품지 않은 소신은 거칠 것이 없다. 지붕을 떠받치는 의무감에서 그럴까. 그는 늘 굳건하고 믿음직하며 자랑스럽다.

옛집에서 서툰 도끼질로 껍질이 벗겨진 날 기둥은 그 모습대로 멋있고, 솜씨 좋은 대목의 날렵한 대패질로 다듬어진 모습은 또 그대로 멋짐을 간직하고 있다. 깊은 산, 울울한 숲에서 간택된 금강송으로 된 궁궐이나 대찰의 기둥은 말없이도 드높은 위엄과 기품을 보인다.

나름의 재목으로 선택되어 구조물의 한 일원이 되기까지, 나무로 자라 기둥으로 되기까지 지나온 과정은 인간이 다 알 수는 없다. 여린 새싹에서부터 묘목이 되고, 가느다란 줄기가 굵어지고, 뿌리를 뻗어 땅속 깊이 자리해서 태풍이나 비와 눈의 온갖 시련을 견디어 오다 적어도 곁의 나무보다는 나아 보여 간택된 터이다. 반듯한 자세가 기둥의 재목으로 쓰인 이유가 되리라. 휘어진 기둥은 보기 드물다. 어느 사찰에서 휜 나무로 기둥을 세운 요사채를 본 적이 있긴 하지만 드문 사례일 뿐, 기둥은 바르고 반듯하게 제 위치를 지키고 있다.

나무도 제 쓰임을 알고 있었을까. 다음에 대궐이나 큰 정자의 기둥으로 쓰이리라 하고 몸피를 불렸을까. 굵은 몸피만으로는 기둥이 되지 않는다. 모양새가 바르지 않으면 도끼날을 받는 봇단이 되기도 한다.

솜씨 좋은 대목수의 손길에 다듬어져 네모반듯한 기둥은 안정적이고 단련된 군인 같은 견고한 인상을 풍긴다. 그 기둥 사이로 흙이든 나무이든 벽을 두른다. 벽이 있음으로 집은 비로소 아늑해진다. 기둥과 기둥을 연결해 집을 만드는 벽은, 기둥을 의지하고 기둥을 감싸 건축을 완성한다. 벽은 바깥과 안을 구분하여 바깥의 풍상으로부터 안의 안온함을 지켜준다. 저택이든 오막살이든 사람 사는 집은 기둥을 중심으로 벽이 정해지고 문이 달리고 창이 열린다. 문은 벽이 허용하는 바깥과의 소통이고 창은 바깥을 안으로 끌어들이고 안을 밖으로 유도한다.

벽이 없는 건축물은 바깥풍경을 감상하기 위함이다. 기둥과 기둥 사이를 환하게 열어 제 면을 둥글게 함으로 벽이 밀착될 여지를 없애 도도하고 근엄하다. 그런 기둥은 대개 큰 지붕을 기와로 얹고 있다. 거기서 둥글음은 원만함이 아니라 지배나 위압의 권위를 나타내고 있다. 정자는 기둥으로 날렵한 지붕을 받들고 풍경 좋은 곳에서 자태를 뽐내고 있다. 강 언덕이나 계곡의 한쪽에 바닷가나 동네 곳곳에 자리하고 있다. 그런 건물은 잠시 머무르는 곳일 뿐, 아늑함과는 거리가 있다.

현대의 건축물은 대체로 기둥을 숨긴다. 기둥이 보이지 않아야 실내가 더 넓어 보인다. 아파트의 기둥은 벽에 숨어있고 벽은 기둥의 도드라짐을 허용하지 않는다. 튀어나오는 기둥을 경계하여 벽과 기둥을 붙이거나 실내는 기둥을 생략하기도 한다. 기둥은 숨고 창은 커졌다. 권위는 열어지고 개성을 존중하는 시대상을 보여주는 것도 같다.

사람과 사람의 관계에서 기둥의 역할을 하는 이가 있고 벽이 되어주는 이도 있다. 기둥으로 믿고 의지한 사람이 나약한 모습을 보이는 날이 많아졌다. 답답함으로 창을 만들고 문을 열어 달아나려 했던 지난 시간들이 이제는 기둥의 마른 결을 보라고 한다. 지금 와 생각해보니 기둥이니 벽이니 역할을 굳이 나눌 것이 없겠다. 세상살이가 단순명료하지만은 않다.

사람 사는 일이 그래서, 정답이 없다고 하는가 보다.

7월의 숲에 내리는 비

비가 온다. 바람 없이 내리는 비는 정직하게 꼿꼿이 내리고 웅크리듯 비를 맞는 나무는 간간히 빗물을 모아 후두둑 떨구고 있을 뿐 숲은 조용하다.

새들은 어디에서 이 비를 피하고 있을까. 새의 날갯짓이 쉬는 숲, 익숙한 것에 대한 아쉬움이 가득한 허공으로 시선이 향한다.

허공의 비는 색깔을 알 수가 없다. 비의 색깔이 궁금해진다. 나무에 내리는 비는 초록이다. 이 비를 맞고 나면 더 깊은 초록으로 짙어질 것이다. 짙어지다가 짙어지다가 어느 시인의 노랫말처럼 "초록이 지쳐 단풍"이 될 것이다.

비는 색깔을 가지고 있지 않으면서도 비만큼 제 색깔을 드러내는 것이 있을까. 나무둥치는 젖어서 제 색깔을 진하게 나타내고 산길의 바위도 젖어서 더 진하다. 슬픔도 비를 만나면 더 진해지고, 생각도 비를 만나 더 깊게 다가온다. 비가 내려서 기분이 가라앉았거나 기분이 가라앉아서 비가 더욱 진하게 다가오는 것일까, 비 오는 날은 냄새도 더 진해진다. 숲길은 아련한 안개가 조용히 내려 앉아 나무의 냄새를 진하게 풍긴다.

꽃은 젖어서 예쁜 것도 있지만 대개는 안쓰럽다. 벌과 나비가 쉬는 날, 간혹 보이는 나비는 애잔하다. 날개를 적셔가며 일용할 양식을 구하러 나온, 고단한 생의 하루가 보인다.

하루살이 떼가 숲에서 갈 길을 잊은 듯 뭉쳐 있다. 태어나 보니 비 오는 날, 내내 궂었다 하고 일대기를 쓰는 일생은 어떨까. 맑은 날을 모르니 그저 날씨는 이렇구나 하고 생각할 것이다. 우리는 경험이 행 · 불행의 잣대가 되기도 한다. 겪어보지 않아 모르면 몰라서라도 그냥 행복하다 여길 것 같다. 경험치가 적은 유년시절은 그예 다들 행복하지 않던가.

발밑으로 흐르는 물은, 땅은 적시고 돌은 윤기 나게 하며 일시에 도랑을 만들고 있다.

모든 것이 젖는 날, 잎사귀가 겹치지 않게 그러나 잊힐 만큼 멀지는 않게, 나무는 서로의 간격을 두어 비를 맞고 있지만, 멀리서 보면 어깨동무를 하고 서로에게 비가림을 해 주는 것 같은 모습이다. 인간의 시선으로 배려니 간격이니 하지만

나무는 치열하게 살아가느라고 안간힘을 쓰고 있는지도 모른다.

요사이 젊은 시인 일부에서는 서정도 자연에 대한 폭력이라는 관점을 가지고 있다고 한다. 옛사람들의 시나 시조에서 음풍농월이 많았던 것이 사실이다. 글을 읽고 쓸 줄 아는 이들은 사회계급에서 상층에 속했고, 그 풍경 아래에서 또 다른 풍경이 되는, 노동의 모습을 보이는 이는 풍류를 즐길 여유가 없었을 것이다. 또 생존을 위해 약육강식을 하는 동물의 세계를 인간의 정서로 논할 수 없을진대, 인간의 정서로 그들을 점수 매기고 평하는 짓을 서슴지 않았다. 그런 오류를 짐작하면서도 살아가는 것이 힘들어, 자연에 빗대고 자연에 기대어 우리의 감성은 위로를 받는다.

비 오는 날, 숲은 조용하고 그 숲에 내리는 비는 '나는 초록이야' 하고 나뭇잎에 속삭인다. 조곤조곤 속삭임이 가득한 숲, 나는 잠시 '나는 무엇일까.' 하고 생각한다. 이 숲에서는 속내가 그대로 읽히는 것일까. 누군가 내게 위로하듯 던지는 한마디,

'너도 초록이야.'

이참에, 나도 초록빛으로 푹 젖는다.

벽에 걸린 빨래판이

언제든지 부르기만 하소서. 세탁기에 빨래를 해서 그대에게 별로 필요치 않을 것이나 잠시라도 그대의 옷가지를 위하여 필요하다면 부름에 응하고자 다용도실 벽에 걸려 있습니다. 내 납작하니 엎드려 등이 닳아 모서라져도 기어이 비눗물을 받아내며 때를 지워드리겠나이다. 세상에서 묻어온 먼지와, 살아내느라 흘린 눈물과 땀방울을 말끔히 지워드리지요.

개울가 번번한 돌멩이 위로 방망이를 쳐가며 씻어내던 눈물과 손가락으로 스위치를 눌러 지우던 눈물, 그중에 어느 것이 더욱 진할까요. "지나간 것은 지나간 대로 그런 의미가 있"다지만 지나간 세월의 맵던 눈물의 흔적만큼이나 이 세월의 눈물도 못지 않을 것입니다.

세월에 따라 살아가는 모습도 많이 달라졌지만, 눈물이나 땀은 더 진하고 많아지지나 않았는지, 잿물에 담갔다가 몇 번의 방망이로 해결되던 빨래는 옛날 이야기이고, 요새는 향기도 낯선 진한 세제에 풀려 소용돌이를 맞아야 합니다. 상쾌한 바람에 가슬거리며 푸른 하늘 아래에서 마음껏 펄럭이던 빨래, 어쩌면 그때가 기상 좋게 날아오를 수 있었습니다.

해 지면 누군가의 품으로 거둬들여 푸새에 다림질에 정갈한 보살핌으로 정리되던 시절은 빨래가 대접받는 시절이었다 할까요. 밤새워 아파트 베란다에서 축 늘어진 빨래는 기가 다 빠진 뒷방 늙은이 같습니다. 이 시대엔 기계 통 속에서 탈수되어 꼼짝없이 그늘에서 나머지 물기를 날려 보냅니다.바로 건조기에서 빠등하게 말라 나오기도 하지요. 기운차게 펄럭이던 깃발도 요즘에는 사방을 묶어 달아 '저 해원을 향해' 푸르른 포효를 할 수가 어려운 시절입니다.

가진 자는 갑이랍시고 으스대고, 가진 것 없는 을에게 무지막지한 횡포를 부려댄다고 한탄하는 소리가 자주 들리는 세태입니다.

무엇 하나 내세울 것 없는, 영락없이 을의 신세인 빨래판. 나는 그대가 어딘가에서 당한 갑질에 지쳤을 때, 서러운 눈물이든 진한 땀이든 씻어주기 위하여 내 등을 기꺼이 내어줄 의지로, 하얀 거품으로 폭폭 같이 울기 위해 벽에 납작 붙어 있습니다.

갑의 위치에서 갑의 횡포를 부리지 않음이 인격이고 교양이겠지요. 을이라고 비굴할 것까지는 없지만 교양과 인격이 조금 안 되는 일부의 갑 때문에 세상은 서러움이 있고 억울함이 있고 분노가 솟구칩니다. 사람들은 경우에 따라 갑이 되기도 하고 을이 되기도 하는 것 같은데, 갑일 때보다 을의 자리에 있을 때가 더 많은 것 같습니다. 가진 것이 적어서 을이 되고, 배운 것이 적어서 을이 되고, 생각이 많아서 을이 되고, 경우가 밝아서 을이 되고, 양심상 을이 되고, 사랑도 많은 쪽이 을이 됩니다. 세상에 있어야 할 하나쯤, 그대에게 나는 더 낮은 을이 되어 같이하겠습니다.

| 작가노트 |

삶으로의 초대

자고 일어나 창밖을 보니 온통 새하얀 세상이다. 안개 사이로 때마침 안전문자가 휴대폰에 실려온다. 운항중인 선박은 주의하라는 내용이다.

초등학교 앞 건널목 지킴이 아저씨들의 연둣빛 조끼가 아스름한데 멀리서 보는 내 시야엔 온통 뿌연 안개 속이지만 차들은 끔뻑거리며 지시봉의 안내를 기다리고 있다.

멀리서 보는 것과 저들 앞의 가시거리가 다를 것이다. 문제없다고 생각하는 것도 멀리서 보면 문제점일 수도 있고 잔디밭의 푸르름처럼 또 멀리서 보아야 아름다울 수도 있다.

오가는 사람은 별로 없고 차들만 간간이 지나는 길목에서 태양의 기운에 안개는 슬슬 걷혀가고 건널목의 흰 선은 뚜렷해지는데 안개의 걸음은 느리다.

올라가는 것일까, 퍼져서 사라지는 것일까. 그 생각 끝에 또 꼬리를 물고 떠오르는 궁금증 하나, 영화 「파리는 안개에 젖어」에 나온 페이 더너웨이, 출렁이는 진갈색 긴 머리와 홀로 웅크리고 누운 침대에서 보였던 긴 다리가 멋졌다고 기억하고 있다. 그녀는 지금 어떤 모습으로 있을까, 휴대폰을 들어 검색해 보려다 굳이 사실을 알고 싶지 않다. 기억 속의 그녀를 영원히 안개에 젖은 파리에서 고뇌에 찬 눈빛으로 살아가게 두련다.

안개는 서서히 걷혀가고 나는 좋아하던 옛 여배우를 여전히 안개 속에 가두어 두고 내 일과를 시작한다.

글을 쓴다는 것은 내 기억 속으로 누군가를 끌어들이는 것이 아닐까.

2024 제1회

수필과비평올해의작품상 12

제정 배경 및 심사경위

심사위원

서정환 박양근 유한근 허상문 유인실 엄현옥

1. 제정 배경 및 심사 경위

제정 배경

오늘날 우리 문단에서 수필은 낙양落陽의 지가紙價를 올리는 문학 장르로 자리하게 되었다. 이에 부응하듯 많은 사람이 수필 문학에 종사하고 있다. 그렇지만 다른 문학 장르에 비해 수필 문학은 엄청난 양적인 풍요로움에도 불구하고 질적인 깊이를 담보해 주지 못하는 상황에 놓여 있다. 오히려 수필 문학은 많은 사람이 참여하면서 대중추수주의적 경향을 보이며 그 문학적 정체성을 위협받는 상황에 직면하게 되었다.

수필 문학은 미로에서 새로운 길을 찾으며 자기 정체성을 재정립해야 하는 단계에 서 있다. 그야말로 오늘날 운위되는 '문학 위기의 시대'에 수필 문학도 우리 문단의 축복이냐 저주이냐의 갈림길에 서 있다고 해도 지나치지 않다. 문학의 위기는 우리들의 담론체계는 물론 삶의 양식에 대해서마저도 전망을 찾지 못하고 안주함으로써 스스로 위기를 자초한 측면도 없지 않다. 이런 위기의식에 당면하여 우리는 재래적이고 낡은 방식의 문학을 위한 태도에서 벗어나 자기 갱신을 위한 노력을 게을리할 수 없다.

내용과 형식에 대한 근원적인 질문을 던져야 할 시점에 이른 수필 문학은 쇄신을 위한 노력에 앞장서 새로운 창조를 실천해야 하는 자리에 서야 한다. 그리하여 다른 장르의 문학이 이룩하지 못한 방식과 문법을 통하여 인생과 세계를 더 높은 차원으로 표현해내어야 하는 것이다. 이런 당위에 직면하면서 『수필과비평』은 수필 문학의 발전과 도약을 위하여 '수필과비평올해의작품상 12'를 제정하게 되었다.

심사경위

이 상은 전년도 12월부터 당해연도 11월까지 『수필과비평』에 발표된 작품들을 대상으로 최고의 작품 12편을 선정하기로 하였다. 심사는 일체의 비문학적 요소의 고려 없이 오직 작품의 수월성만을 선정 기준으로 삼았다. 이런 취지가 우수 작품을 발굴하여 소개함으로써 수필 문학을 새로운 단계로 발전시킨다는 이 상의 제정 취지와도 근본적으로 부합하는 것으로 여겨졌기 때문이다. 서정환 발행인과 심사위원으로 유한근, 박양근, 유인실, 엄현옥, 허상문이 참여하였으며,

심사 경위는 다음과 같다.

'1차 심사'에서 심사위원들은 1인당 10편씩 50편의 작품을 선정하고, 이들을 대상으로 '2차 심사'를 진행하여 30편의 작품으로 압축하였다. 다시 이들을 대상으로 하여 '3차 심사'에서 종다수의 점수를 획득한 12편의 작품을 최종적으로 선정하였다. 최종 선정된 12편의 작품은 다음과 같다.

권선옥 「입맛」, 김정태 「바람소리」, 김정화 「수국경전」, 려원 「겨울나무처럼 끝에서 다시 시작한다」, 박주희 「바위섬」, 송복련 「붉은 달」, 오금자 「겨울나무 곁에서」, 유영희 「기둥과 벽」, 제은숙 「석종 소리 깨어나다」, 진해자 「아버지의 연장통」, 한복용 「껍질」, 황진숙 「소금」

(순서 - 작가명 가나다 순)

선정된 작품들은 일정한 경향성을 지니며 수필의 글쓰기 방식과 내용을 위한 새로운 범주를 제시했다. 첫째, 수필 문학에서의 서정성 둘째, 인생과 세상에 대한 인식과 전망 셋째, 문학성을 담보하기 위한 수사성과 실험성과 같은 것이다. 이러한 경향은 우리 수필의 현주소와 미래를 위한 지침을 주는 대단히 중요한 시사를 보여준다.

2. 수필 문학에서의 서정성

우리는 마음의 깊은 서정과 감성을 상실한 시대에 살고 있다. 가슴 속에는 크고 작게 번식하는 일상적 욕망이 하나의 범주가 되어 박제된 문학을 만들고 있다. 그리하여 잡다한 일상 속에서의 사건과 사실을 재현해내고자 하는 서사敍事는 더이상 독자들의 공감을 얻지 못하고 있다. 그동안 우리 수필 문학은 서사의 현실적 효용성에 갇혀 서정 문학으로서의 심미적 질서를 통한 자아와 세계의 충만한 합일을 이루지 못해 왔다. 수필 문학은 현재와 과거, 여기와 저기에 파편화되어 있는 체험을 묶어 자아를 재구성하는 중요한 문학적 역할을 해야 한다. 이런 재구성의 과정 속에서 나와 세계가 관련을 맺고, 나와 타자는 하나로 묶어진다.

그러기 위해 잡다한 일상적 서사를 수필 문학으로 여기는 몰이해와 왜곡에서 벗어나야 한다. 그동안 우리 수필은 서사문학, 교술문학이라는 이름 아래 지나치게 주변부적 이야기 중심의 글쓰기에 기대어 왔다. 수필 문학의 지나친 일상성과 개인성은 하위문학 혹은 하위 장르로 격하되면서 본격문학의 적대적 이름이 되어 왔다. 그러나 앞으로 우리의 수필은 세계와 자아의 일체감을 만드는 서정성을 회복하기 위한 노력을 해야 한다. 수필은 일상적 경험의 단순한 번역이 아니라 그 의미를 형상화함으로써 경험의 심미적 주체가 되어야 한다. 이는 경박한 글쓰기로부터 작가의 상상력과 서정을 새롭게 일구어내고자 하는 노력에 다름아니다.

'제1회 수필과비평올해의작품상 12'에 선정된 김정태 「바람소리」, 김정화 「수국경전」, 려원 「겨울나무처럼 끝에서 다시 시작한다」, 송복련 「붉은 달」, 오금자 「겨울나무 곁에서」 제은숙 「석종 소리 깨어나다」는 기존의 수필 양식에 비해 깊은 서정의 마음으로 인생과 세상을 바라보고 있다. 이들이 보여주는 소재와 주제의 다양한 국면들의 저변에서 우리는 수필 문학의 형식과 내용상의 역동적 변화 가능성을 본다. 우리가 수필을 통하여 읽고자 하는 것은 삶의 일상적 체험에서 보여지는 지루하게 반복되는 개인적 사건들이 아니라 새로운 존재의 모습을 보여주는 보다 높은 차원의 마음과 세계에 대한 작가의 깊고 진지한 사유와 고뇌의 모습이다.

3. 삶의 지평, 수필의 지평

삶의 패러다임이 복잡해지고 다원화되는 오늘날은 대혼돈의 시대이다. 인간과 세상을 바라보는 기존의 방식과 실천을 이끄는 가치들이 그 적실성을 상실하고 있으며, 새로운 인식과 전망이 절실하게 요청되는 상황에 우리는 서 있다. 혼돈과 전망 부재의 시대에 우리의 사유와 글쓰기는 더욱 절실하게 삶과 세상에 대한 의미 있는 성찰과 인식을 요구하고 있다.

폐허에 가까운 삶의 현실은 문학의 본질적 개념과 문학성을 구성하는 가치를 변질시키고 있다. 그럴수록 우리는 삶에 대한 보편적 진리로서의 얼굴 없는 대상과 어떻게 맞서 싸울 것인가를 고민해야 한다. 우리가 관통하는 혼돈의 시대는 절망의 시기이기도 하지만 새로운 삶과 세계관에 대한 전망을 불러와야 할 희망의 시기이기도 하다. 수필은 이 세상이라는 타자의 담론에서 나의 목소리를 일구어내는 행위이며, 나의 내부에 스며든 타자의 목소리를 듣는 언어 행위이다. 수필이라는 글쓰기에서 언제나 중요한 것은 우리의 시선을 보다 넓고 깊게 하면서 나와 세상, 나와 인생의 관계에 개입하고 참여하면서 새로운 탐구를 거듭하는 것이다.

이런 의미에서 수필의 창작과 수용 주체에 의한 깊은 사색의 모습은 기존 수필의 사유 양식과 구별되는 모습을 보여준다. 권선옥「입맛」, 박주희「바위섬」, 유영희「기둥과 벽」, 진해자「아버지의 연장통」, 한복용「껍질」, 황진숙「소금」은 객관적 현실에 대한 주관적 인식을 위한 노력, 일상적 현실에서 새로운 삶의 진리를 위한 탐색을 하고 있는 작품들이다.

참신한 수필을 위한 소재와 주제의 실험적 태도, 내용과 형식의 다양한 실험을 위한 노력은 앞으로 우리 수필의 과제로 남는다. 창작의 내용과 형식에 대한 근원적인 질문을 되풀이하는 것은 새로워질 것이 없는 시대에서 새로워져야 한다는 강박과 같은 것이지만, 그럴수록 새로움에 대한 사유에서 문학의 내일이 열릴 것이라는 점은 분명하다.

4. 우리 수필이 나아가야 할 길

우리의 삶과 문학은 현재와 과거에 대한 인식을 통하여 더 나은 미래를 향해 나아갈 수 있다. 현재란 언제나 과거로부터 연장된 것이므로 그에 대한 진정한 인식은 지난 시간에 대한 올바른 출발과 재구성을 의미한다. 고정불변의 과거란 허망한 실체로서의 잔해이며 삶과 문학의 변증법적 진보를 위배하는 것이다. 현재의 실체인 현실이란 완성된 것이 아니라 새로운 길로 나아가기 위한 지칠 줄 모르는 움직임이라 할 수 있다. 우리는 그 움직임을 향해 끊임없이 과거로부터의 현재를 전복하고 변혁하면서 미래로 나아가야 한다.

그런 의미에서 우리 수필 문학은 과거와 현재보다는 앞으로 나아가야 할 미래가 더욱 중요하다. 진정으로 수필 문학을 사랑한다면 수필은 단순한 잡문으로써의 글쓰기가 아니라 인간과 삶, 세상과 역사가 담긴 새로운 '문학'으로의 글쓰기가 되어야 한다. "문학에서는 출생보다 양육이 더욱 중요하다."(테리 이글턴)는 말은 우리 수필 문학을 위해서 반드시 기억해야 할 금언이다. 이런 명제를 이루기 위해서 앞으로 우리 수필은 끊임없는 '배반'과 '전복'이 있어야 할 것이다.

'제1회 수필과비평올해의작품상 12'는 우리 수필의 과거와 현재를 변혁하면서 새로운 단계의 미래로 나아가는 중요한 계기가 되어야 할 것이다. 아울러 이 상의 수상자로 선정된 열두 사람의 작가들은 우리 수필의 미래를 견인해 갈 새로운 동력이 되길 바란다. 문학은 주체화라는 자기 갱신의 과정을 거치면서 새로운 생성의 시간을 맞이한다. 이제 우리 수필은 더 나아갈 곳이 없다. 개인과 일상으로 이루어진 잡담의 문학이라는 오명으로부터 탈피해서 수필이 무엇을 말하고 어떻게 존재해야 할 것인가를 새롭게 보여주어야 할 책무가 수필 문학에 종사하는 모든 사람의 어깨에 무겁게 놓여 있다.

대표 집필: 허상문

2024 제1회 수필과비평올해의작품상 12

수상작품집

인쇄 2024년 2월 20일
발행 2024년 2월 24일

지은이 김정태 제은숙 황진숙 려원 권선옥 오금자
한복용 송복련 진해자 박주희 김정화 유영희
발행인 서정환
펴낸곳 수필과비평사
주소 서울시 종로구 삼일대로 32길 36(익선동 30-6 운현신화타워) 305호
전화 (02) 3675-3885 (063) 275-4000 · 0484
팩스 (063) 274-3131
이메일 essay321@hanmail.net
출판등록 제300-2013-133호
인쇄·제본 신아출판사

ISBN 979-11-5933-516-7 03810
값 16,000원

Printed in KOREA